JN234957

東京ディズニーリゾート
植物ガイド

企画・文●畑山信也（東京図鑑）
監修●竹下大学

東京ディズニーリゾートを"植物"で見たらどうだろう？
花壇の数や植物の種類、植栽が占める面積からいっても、これはもう立派な植物園レベルです。
しかも、パークの植物はテーマやシーンの臨場感を盛り上げる舞台装置でもあるのです。
植栽にもちゃんとエンターテイメントの精神が宿っているのですね。
このガイドを片手にパークを散策すると、アトラクションやショーだけじゃない
東京ディズニーリゾートの新しい魅力に、あなたもきっと気づくはずです。

この本に掲載されている植物は2011年2月20日現在のものです。
東京ディズニーリゾートの植物は季節により植え替えられる場合があります。

講談社

東京ディズニーシーの植物	5
メディテレーニアンハーバー MEDITERRANEAN HARBOR	6
アメリカンウォーターフロント AMERICAN WATERFRONT	22
ロストリバーデルタ LOST RIVER DELTA	32
マーメイドラグーン MERMAID LAGOON	60
アラビアンコースト ARABIAN COAST	68

Tokyo DisneySea

Contents

東京ディズニーランドの植物 ……… 79

ファンタジーランド ……… 80
FANTASYLAND

アドベンチャーランド ……… 96
ADVENTURELAND

ウエスタンランド ……… 122
WESTERNLAND

クリッターカントリー ……… 132
CRITTER COUNTRY

トゥーンタウン ……… 140
TOONTOWN

トゥモローランド ……… 146
TOMORROWLAND

Tokyo Disneyland

この本の見かた ……… 4
東京ディズニーシー植物MAP ……… 152
東京ディズニーランド植物MAP ……… 154
Index ……… 156

Column
働き者のザンビーニ兄弟はブドウもハーブも育てています ……… 18
ペグおばさんはガーデニングが大好きって知っていましたか? ……… 30
ロストリバーデルタの遺跡を覆うツタこそ、植栽キャストの腕の見せどころなのです ……… 58
マーメイドラグーンの多肉植物はサンゴをイメージして植えられています ……… 66
ディズニーランドローズというバラがあることを知っていましたか? ……… 76
東京ディズニーリゾートの植物はシャワー好きです! ……… 78
ジャングルの熱帯植物はいまも成長を続けています ……… 117
東京ディズニーリゾートへお花見に出かけてみませんか!? ……… 118
トムソーヤ島は植物の宝庫です ……… 128

この本の見かた

東京ディズニーリゾートは、多種多様な植物に触れる事ができる植物園としての役割も果たしています。
各シーンに応じて植栽された植物たちは魅力的で、臨場感を盛り上げ、
ゲストにすばらしい感動を提供してくれます。
本書は東京ディズニーシーと東京ディズニーランドに植栽されている花や樹木を、
エリアの特徴と共に紹介したものです。
エンターテイメントの精神にあふれた植物たちの魅力と面白さを、この本で知っていただけたら幸いです。

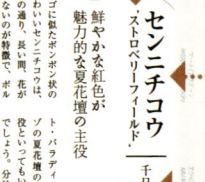

品種名
具体的に品種がわかるものに関しては、' 'で品種名を記しました。

植物名
基本的には流通時によく使われる一般的な名称を採用しました。

漢字表記・別名など
一般的な漢字表記と別名がある場合のみ記し、別名がないものは省略しました。

MAP番号
テーマポート(テーマランド)ごとに色分けされ、巻末のMAPに連動しています。その植物が植栽されている主な位置が検索できます。

原産地
植物の原種が自生した場所を示しています。種間交雑などで誕生した園芸品種は親がはっきりしているものは、その植物の原産地を示しました。

科名・属名
その植物が属する「科」と「属」を記しました。分類は新エングラー体系に準拠しました。

場所
その植物が植栽されている代表的な場所について記しましたが、植栽されている場所はこの限りではありません。植物によっては他のエリアに植えられているものもたくさんあります。なお、このデータは2011年2月20日までのもので、植え替えられたり、現在の姿と異なる場合があります。予めご了承ください。

見ごろ
1年を通じて、その植物のいちばん美しい時期を記しました。植物によっては花の見ごろだけでなく、実の熟するころや、葉の美しい時期も記しています。ただし、その年の気候によって、見ごろには多少の変動があります。

東京ディズニーシーの植物
Plant in Tokyo DisneySea

東京ディズニーシーには、およそ6000本の樹木と100万株の草花が植えられています。
パーク内には熱帯の珍しい植物も多く、
テーマポートごとにガラリと植栽が変わるのも見どころです。

MEDITERRANEAN HARBOR

メディテレーニアン ハーバー

南欧の港町をモチーフにしたエリアです。
プラタナスの並木やコブシやオリーブといった植栽が、
イタリア煉瓦の建物によく似合って、
ロマンチックな雰囲気を漂わせています。

パークに春の到来を告げるコブシの花。
ヴァレンティーナズ・スウィート付近

MEDITERRANEAN HARBOR メディテレーニアンハーバー

AMERICAN WATERFRONT アメリカンウォーターフロント

LOST RIVER DELTA ロストリバーデルタ

MERMAID LAGOON マーメイドラグーン

ARABIAN COAST アラビアンコースト

Tokyo DisneySea 8

東京ディズニーシー ● メディテレーニアンハーバー

コブシ 辛夷

東京ディズニーリゾートに春の到来を告げる純白の花

早春にほかの木々に先駆けて、芳香のある白い花を枝いっぱいに咲かせます。

ハクモクレンによく似ていますが、中国原産のハクモクレンに対してコブシは日本が原産です。コブシの蕾には苦みがありハジカミに似ていることから、日本では昔からコブシハジカミとも呼んでいました。コブシは秋に"赤ちゃんの握り拳"のような形の実をつけます。コブシの名の由来は、この実の形からきていたんですね。

コブシの実

DATA
- 科名・属名● モクレン科 モクレン属
- 原産地● 日本
- 見ごろ● 2月〜3月
- 場所● ディズニーシー・プラザ

MAP ①

アキグミ 〔秋茱萸〕

白から黄色に変化する可憐な花

9月〜10月の赤い実も印象的ですが、春になると小さくかわいらしい花をたくさん咲かせます。この花、咲き始めは白い色をしていますが、だんだん黄色に変わっていきます。

アキグミの実はトマトの7〜17倍のリコピンを含み、食用となりますが、タンニンが多いため渋みがあり、生食よりも果実酒用として利用されるようです。東京ディズニーシーにやってくる鳥たちも、アキグミの実が大好きです。

DATA
- 科名・属名 ● グミ科グミ属
- 原産地 ● 日本
- 見ごろ ● 5月〜6月
- 場所 ● フォートレス・エクスプロレーション付近

アキグミの実

アメリカハナズオウ 〔亜米利加花蘇芳〕

花も葉も美しく葉色の変化が楽しめる花木

春、葉の出る前にピンク色の小さな蝶のような花をたくさんつけます。花を咲かせた後に出てくる柔らかい葉は、淡緑色のハート形をしていて、とてもかわいらしい雰囲気を持っています。

夏の強い日差しにも葉焼けせず、秋まで美しい葉色が楽しめるのもこの植物の特徴です。丈夫で栽培もきわめて簡単、和洋どちらの庭でも楽しめる素晴らしい花木です。

DATA
- 科名・属名 ● マメ科ハナズオウ属
- 原産地 ● 北アメリカ
- 見ごろ ● 4月
- 場所 ● ザンビーニ・ブラザーズ・リストランテ付近

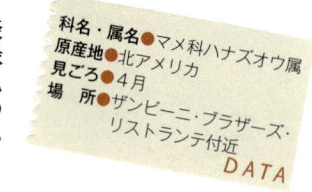

プラタナス ─ 鈴懸の木(スズカケノキ)

小さな木かげを作るパラソル仕立ての落葉樹

ポルト・パラディーゾの海岸沿いに点々と植えられているパラソルのような形をした木が、プラタナスです。もちろん最初からこんな形をしていたわけではありません。植栽キャストが何年もかけて、このような樹形に仕立てたのです。日差しの強い日は、この木の下でちょっと休んでみてはいかがですか。サワサワと揺れるカエデに似た大きな葉が涼しげです。長い柄の先に垂れ下がる鈴のような球形果が特徴的です。

DATA
- 科名・属名● スズカケノキ科 スズカケノキ属
- 原産地● ヨーロッパ南東部〜アジア西部
- 見ごろ● 4月
- 場所● カフェ・ポルトフィーノ前

MAP 4

プラタナスの実

MEDITERRANEAN HARBOR
AMERICAN WATERFRONT
LOST RIVER DELTA
MERMAID LAGOON
ARABIAN COAST

フジ — 藤

紫色の花穂が春風にそよぐ姿は見事です

日本固有のつる性植物です。観賞するだけではなく、その繊維が衣服や弓などにも利用され、古くから日本人の生活に深くかかわってきた植物でもあります。日本にはフジのほかにヤマフジも自生していますが、見分け方は、上から見てつるが右巻きになるのがフジ、左巻きになるのがヤマフジです。春、ザンビーニ・ブラザーズ・リストランテ裏の藤棚にはフジの長い花穂がたくさんぶら下がります。その花穂が風にそよいで波のように揺れ動く様は見事です。

フジの莢（さや）

DATA
- 科名・属名● マメ科フジ属
- 原産地● 日本
- 見ごろ● 4月〜5月
- 場所● ザンビーニ・ブラザーズ・リストランテ付近

MAP 5

Tokyo DisneySea 12

オリーブ　阿列布

平和のシンボルは春に咲く白い花も美しい

オリーブの木は人類が最も古くから利用した植物のひとつで、紀元前3000年ごろにクレタ島で栽培されていたとの記録もあるほどです。果実をオリーブオイルの原料とするほか、塩漬けにしてピクルスにしたりもします。南欧原産のオリーブですから、地中海沿いの港町がモチーフとなっているメディテレーニアンハーバーですから、地中海原産のオリーブはイメージもピッタリ。ノアの箱舟の鳩とオリーブの枝の伝説にちなみ、オリーブは平和のシンボルとされ、花言葉も「平和」です。

DATA
- 科名・属名●モクセイ科 オリーブ属
- 原産地●地中海沿岸
- 見ごろ●5月〜6月
- 場所●ザンビーニ・ブラザーズ・リストランテ付近

MAP 6

オリーブの実

ダイダイ 橙

3代の果実が同じ木に実る不思議な樹木

ダイダイはインドのヒマラヤ地方の原産で、古くに中国から渡来したといわれています。初夏に花を咲かせ、冬になると果実が成熟します。この成熟した果実の色が「橙色」です。名前の由来は、果実を採取しなければ3年は実を落とさず、3代の果実が同じ木に実ることから、代々（だいだい）と呼ばれるようになったといわれています。縁起のよいことから、お正月に鏡餅と一緒に飾られるようにもなりました。不思議なことに成熟果は採取しなければ、春になると再び緑色に戻ります。

DATA
科名・属名●ミカン科カンキツ属
原産地●インド
見ごろ●12月〜1月（実）、5月〜6月（花）
場　所●ザンビーニ・ブラザーズ・リストランテ付近

MAP ⑦

アーティチョーク 朝鮮薊（チョウセンアザミ）

古代ローマ人やフランス王妃も珍重した高級野菜

紀元前から高級野菜として珍重され、ヨーロッパでは大きな蕾の中心部にある柔らかい萼と花托を食用にします。日本の食卓ではまだ一般的ではありませんが、16世紀、カトリーヌ・ド・メディチが婚礼の夜にアーティチョークを食べ過ぎたという話も伝えられています。余談ですが、アーティチョークにはオナラの回数と臭いを抑える効果もあるとされています。初夏に咲く鮮やかな紫色の花は、観賞用としても重宝されています。

DATA
科名・属名●キク科チョウセンアザミ属
原産地●地中海沿岸
見ごろ●5月〜6月
場　所●ザンビーニ・ブラザーズ・リストランテ付近

MAP ⑧

東京ディズニーシー●メディテレーニアンハーバー

レモン
檸檬

さわやかな香りがする花も楽しみのひとつ

レモンは紫色の蕾をつけた後、5月ごろに果実と同じ香りのする白またはピンクの美しい花を咲かせ、9月ごろまで咲き続けます。そのため、時期によっては1本の木に蕾、花、幼果、果実が一緒になっていることもあるのです。果実は最初は緑色をしていますが、冬が深まり実が熟すと、鮮やかな黄色に変化します。レモンは潮風に強い性質を持ったため、海岸に位置する東京ディズニーシーでも元気に育ち、毎年たくさんの果実をつけています。

DATA
- 科名・属名●ミカン科カンキツ属
- 原産地●インド北東部
- 見ごろ●12月～1月(果実) 5月～6月(花)
- 場　所●ザンビーニ・ブラザーズ・リストランテ付近

MAP ⑨

センニチコウ 'ストロベリーフィールド' — 千日紅

鮮やかな紅色が魅力的な夏花壇の主役

イチゴに似たポンポン状の花がかわいいセンニチコウは、その名の通り、長い間、花が色あせないのが特徴で、ポルト・パラディーゾの夏花壇の主役といってもいいでしょう。分枝力も旺盛で、初夏から秋にかけて、次から次へと紅色の花を咲かせ続けます。高温や乾燥にも強く、花が枯れても美しい色が残るので、ドライフラワーにも向いています。'ストロベリーフィールド'は、キバナセンニチコウの園芸品種です。

DATA
- 科名・属名●ヒユ科 センニチコウ属
- 原産地●アメリカ南部〜メキシコ
- 見ごろ●7月〜10月
- 場所●ザンビーニ・ブラザーズ・リストランテ付近

MAP 10

アマランサス・トリカラー 葉鶏頭(ハゲイトウ)

初秋のメディテレーニアンハーバーを彩る極彩色のカラーリーフ

初秋に鮮やかに色づいて、美しい葉姿を見せてくれます。東京ディズニーシーで見ることのできる"トリカラー"は、赤・黄・緑の極彩色の葉を持つ品種です。カラーリーフとして人気のアマランサスですが、その種は栄養満点のです。

穀物としても知られ、古代インディオたちにとって、豆やトウモロコシと並ぶ大切な栄養源だったといわれています。日本でも江戸時代に「仙人穀(せんにんこく)」と呼ばれ、栽培されていた記録があるそうです。

DATA
- 科名・属名●ヒユ科 アマランサス属
- 原産地●熱帯アジア
- 見ごろ●8月～10月(葉)
- 場所●ザンビーニ・ブラザーズ・リストランテ付近

MAP ⓫

ゲッケイジュ 月桂樹

枝で作った冠はオリンピックの名誉の象徴

明治の中ごろに日本に渡来し、庭木として親しまれている常緑高木です。乾燥に強く、丈夫な性質を持つため、各地の公園などでもよく見かけます。芳香を持ち、ピンと張った硬い葉が特徴で、春先に黄白色の小さな花を咲かせ、秋口になると高い木の枝先に暗紫色の小さな実をつけます。カレーやシチューに用いる香辛料の「ローレル(ローリエ)」は、ゲッケイジュの葉を乾燥させたものです。また、オリンピックの優勝者に贈られる冠に使用されることでも知られています。

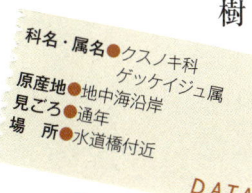

DATA
- 科名・属名●クスノキ科 ゲッケイジュ属
- 原産地●地中海沿岸
- 見ごろ●通年
- 場所●水道橋付近

MAP ⓬

働き者の
ザンビーニ兄弟はブドウもハーブも育てています

写真左：日本の'甲州三尺'と'リースリング'を掛け合わせた白ワイン用のブドウ品種'リースリング・リオン'
右：'マスカット・ベリーA'は日本特有の赤ワイン用醸造品種。食用にしてもおいしく、濃厚な甘みと、さわやかなマスカット香がある

①ザンビーニ・ブラザーズのブドウ畑

収穫したブドウはワインとなって世界中に出荷されます

　パークにブドウ畑があるのをご存知でしたか？
　その場所はザンビーニ・ブラザーズ・リストランテの西側の丘陵地帯。そこには3兄弟が大切に育てている美しいブドウ畑が広がっています。収穫期を迎える夏から秋にかけては、畑いっぱいにブドウが実り、あたりに甘酸っぱい香りを漂わせているのです。
　ここで作られているのは、ワインの原料となる2種類のブドウです。ひとつは'リースリング・リオン'という白ワイン用の品種で、このブドウを使って醸造したワインは、キリッとしたフレッシュな味わいの白ワインとなります。
　もうひとつは'マスカット・ベリーA'。こちらは赤ワイン用の品種で、甘みと酸味のバランスがいいフルーティーな味わいが特徴です。ザンビーニ兄弟の醸造所で瓶詰されたワインは、メディテレーニアンハーバー・ドックから世界中に輸出されているのです。ザンビーニ兄弟が丹精込めて作ったワイン、飲んでみたいと思いませんか？

港で積み出しを待つザンビーニ兄弟のワイン

ローズマリーやラベンダーを中心に、年間50種類以上のハーブが栽培されているザンビーニ兄弟のハーブ畑(右頁)。5月から夏にかけてはチャイブの花も満開になります(↓)

(↑)「ハーブの王様」と呼ばれるスイートバジル

②ザンビーニ・ブラザーズのハーブ畑

ハーブ畑では年間50種類ものハーブが栽培されています

　ザンビーニ・ブラザーズ・リストランテの裏側にある畑では、3兄弟がレストランで使うためのハーブも育てています。

　ここに植えられているのはラベンダーやローズマリー、カモミールやセージ、もちろん、お馴染みのスイートバジルやオレガノもあります。この畑には常時20種類、年間50種類ものさまざまなハーブが育てられているのです。

　初夏、ハーブ畑に近い藤棚の下のダイニングエリアに席を取れば、風に運ばれてくるハーブの清々しい香りを感じながら、食事ができるはずです。

　ところで、イタリアで「ハーブの王様」と呼ばれているハーブをご存知でしたか？　それはスイートバジルです。古代ギリシャでは王家の香水や薬にも使われていたことから、こう呼ばれたようです。スイートバジルには殺菌作用、消化促進作用もあり、さわやかな芳香は、パスタやトマト料理にもピッタリですね。

　今度、食事したときはぜひ、ハーブ畑で「ハーブの王様」を見つけて、香りを嗅いでみてくださいね。

アメリカン
ウォーターフロント

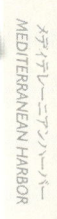
AMERICAN WATERFRONT

のどかな漁村のケープコッドと
20世紀の大都会ニューヨークを
再現したエリア。
松や砂浜に植えられた草花が、
テーマに則した雰囲気作りに
ひと役買っています。

メディテレーニアンハーバー / MEDITERRANEAN HARBOR
アメリカンウォーターフロント / AMERICAN WATERFRONT
ロストリバーデルタ / LOST RIVER DELTA
マーメイドラグーン / MERMAID LAGOON
マーメイドラグーン / MERMAID LAGOON

Tokyo DisneySea 22

東京ディズニーシー●アメリカンウォーターフロント

ハマカンゾウ　浜萱草

海岸の斜面を明るく彩るユリ科の多年草

夏、ケープコッドの灯台に続く斜面は、橙色の鮮やかな花で彩られます。ハマカンゾウです。早朝に咲く一日花で、70〜90㎝ほどの細長い花茎の先に、上向きの花を数輪咲かせます。もともと、海辺に分布する植物だけに、ケープコッドの強い海風も灼熱の太陽もへっちゃら。同じ仲間のニッコウキスゲやノカンゾウは冬に地上部が枯れてしまいますが、ハマカンゾウは常緑の多年草なので、冬も枯れることはありません。

DATA
- 科名・属名●ユリ科ヘメロカリス属
- 原産地●日本の関東以西
- 見ごろ●8月〜9月
- 場所●ケープコッドの灯台付近

MAP ①

ハマカンゾウは暖かくて日当たりがよい、海岸の斜面などに自生する常緑性の多年草

メコノプシス

登山家たちが「天上の妖精」と讃えた幻の花

MAP 2

ヒマラヤやチベットなどの高地に自生する珍しいケシ科の植物です。この花に出会った登山家たちは「天上の妖精」と讃えたほどです。１９９０年の大阪花博で展示されたときは「ヒマラヤの青いケシ」と呼ばれ、透き通るような青色の神秘的な花は、たいへんな話題になりました。開花期間も短く、栽培も難しいため、パークでもなかなかお目にかかれない幻の花かもしれません。

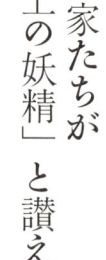

DATA
科名・属名●ケシ科メコノプシス属
原産地●ヒマラヤ、チベット
見ごろ●５月
場　所●ハイタイド・トリート付近

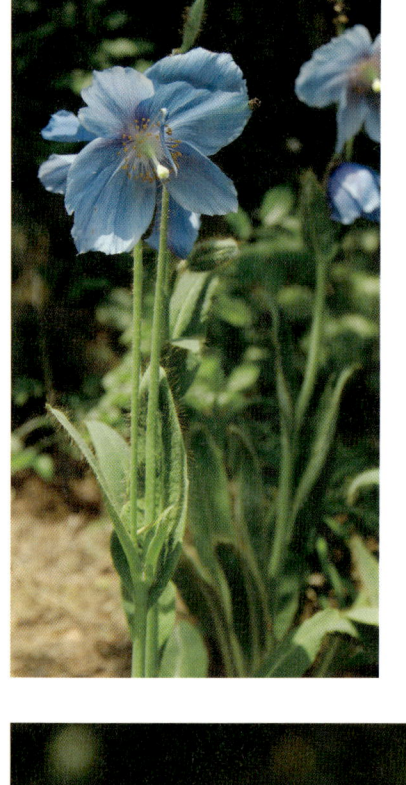

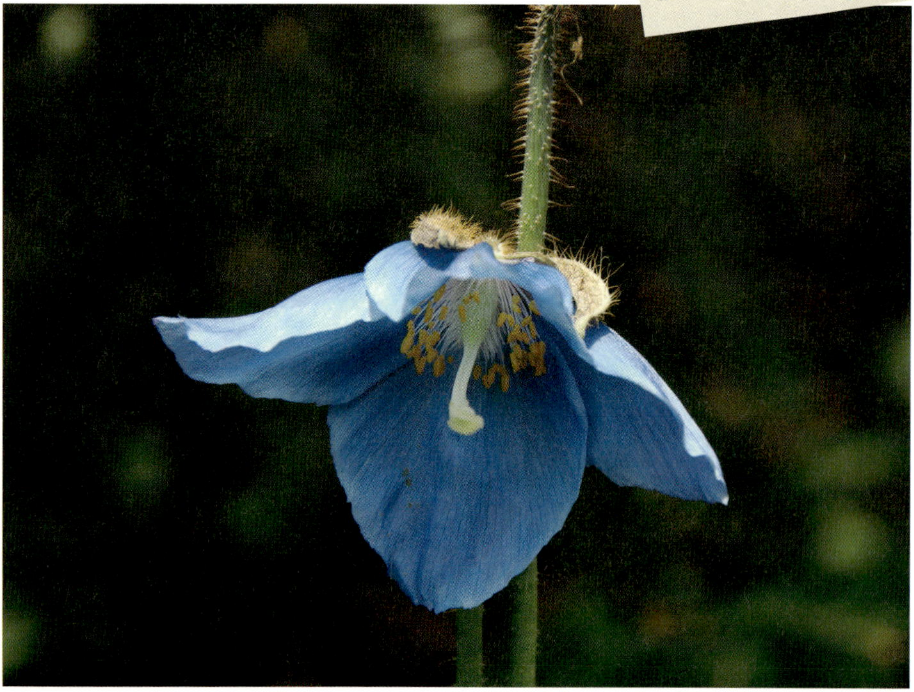

東京ディズニーシー●アメリカンウォーターフロント

エーデルワイス 西洋薄雪草(セイヨウウスユキソウ)

映画の名シーンが蘇る 可憐な白い花

アルプスの高山に自生する多年草で、春に綿毛のついた白い可憐な花を咲かせます。

映画『サウンド・オブ・ミュージック』の主人公一家が、故郷を愛する心をこの花に託して歌うシーンが有名なので、誰でも名前は知っていますが、実際に目立たない花なので、目にしたことがある人は少ないかもしれません。白い花びらのように見えるものの葉は変色しにくいため、押し花やドライフラワーに最適です。ちなみにエーデルワイスとはドイツ語で「高貴な白」という意味です。

科名・属名● キク科 ウスユキソウ属
原産地● アルプス、ヒマラヤ、シベリア
見ごろ● 4月下旬〜5月上旬
場　所● ケープコッド・クックオフ裏あたり

DATA

MAP ❸

ユリオプスデージー

黄色の鮮やかな花を見ると 寒さも吹き飛びます

冬にマーガレットのような黄色の花を咲かせます。深い切れ込みがあって細長く、軟毛が生えた鮮やかな銀緑色の葉は、花をつけない夏でも見るものの目を楽しませてくれます。〝ユリオプス〟には「大きな眼を持つ」という意味があり、花が人目をひくことにちなむそうです。開花期間も長く、12月から5月まで花を咲かせます。美しい葉は寄せ植えのアクセントとしても利用することができます。

科名・属名● キク科 ユリオプス属
原産地● 南アフリカ
見ごろ● 12月〜5月
場　所● アーント・ベグズ・ヴィレッジストア付近

DATA

MAP ❹

25

MEDITERRANEAN HARBOR

AMERICAN WATERFRONT

ミレット 唐人稗(トウジンビエ)

蒲(がま)の穂のような花と紫の葉色が美しい"観賞用ヒエ"

近くで見ると、草丈が高くある葉の色合いと、蒲の穂のような姿が、郷愁漂うアメリカンウォーターフロントの街並みにぴったりです。種子は粥やパンなどの食用のほか、家畜の飼料にも利用されます。

色に染まります。落ち着きの迫力を感じるミレット。蒲の穂のように見える赤銅色の花が特徴的です。苗のころは緑色をしている葉は、成長する過程で日差しをたっぷり浴びて、赤銅色の花によく合う紫

DATA
科名・属名●イネ科チカラシバ属
原産地●アフリカ
見ごろ●7月〜10月
場　所●ケープコッド・クックオフ付近

MAP 5

LOST RIVER DELTA

MERMAID LAGOON

ジニア "プロフュージョン" 百日草(ヒャクニチソウ)

枯れた花を隠して新しい花が咲く花壇の優等生

ジニアは江戸時代末期に渡来し、土質を選ばず生育が早く"セルフクリーニング"という性質を供え、欧米でも人気があります。ひとつの花が2週間ほど持ち、青以外のほとんどの花色があるので花壇材料としてパークでもよく使

た花を隠すように新しい花が咲く(播種後約60日で開花)、花が長く咲き続ける優等生ですが、乾燥や暑さに弱い弱点がありました。"プロフュージョン"はその弱点を改良した最新品種で、花色がよく、枯れわれています。

DATA
科名・属名●キク科ジニア属
原産地●メキシコ
見ごろ●6月〜9月
場　所●アーント・ペグズ・ヴィレッジストア付近

ARABIAN COAST

MAP 6

Tokyo DisneySea

東京ディズニーシー●アメリカンウォーターフロント

ユリ 'カサブランカ'
圧倒的な存在感を誇る"ユリの女王"

1970年代にオランダで作出され、世界的なブームを呼んだオリエンタルハイブリッド系のユリの代表品種です。「ユリの女王」といわれ、純白の大輪の花は花壇でも圧倒的な存在感を誇ります。結婚式の際のブーケや、贈り物の花束としても喜ばれる花ですね。純白の花とオレンジ色の雄しべのコントラストもよく、強い香りがするのも特徴です。カサブランカの名前はスペイン語のCasa（家）とBlanca（白い）から成り立っていて、訳せば「白い家」です。

DATA
- 科名・属名●ユリ科ユリ属
- 原産地●日本
- 見ごろ●6月〜7月
- 場　所●ケープコッドの灯台付近

MAP ⑦

イッサイサルスベリ 一才百日紅
種をまいたその年に花を咲かせる小型のサルスベリ

イッサイサルスベリは、江戸時代以前に日本へ渡来したサルスベリの小型の種類です。幹がつるつるしていることや、2mほどの樹高で小さめなのが特徴です。そのため、狭い庭や鉢植えとして人気があります。"イッサイ"は「一才」を意味し、種まきや挿し木から1年以内で開花することを意味しています。実際、2月に種をまけば、その年の夏には花が咲くほどです。

ピンク色の花は同じですが、高さが12mにもなるサルスベリに比べて、2mほどの樹高で小さめなのが特徴です。

DATA
- 科名・属名●ミソハギ科サルスベリ属
- 原産地●中国南部
- 見ごろ●7月〜9月
- 場　所●ケープコッド・クックオフ裏

MAP ⑧

ツルバギア

瑠璃二文字(ルリフタモジ)、スイートガーリック

淡い藤色の小さな花が涼しげです

南アフリカ原産のユリ科の花で、初夏から夏にかけて淡い藤色の星形の花を咲かせます。葉は細長く、ニラに似ていて、折ったり切ったりするとニンニクのような匂いがします。食用にもなるので、ニラの代わりにギョーザに入れても面白そうです。茎を長く伸ばした先についた花が風に揺れる姿は、とても涼しげです。日本では「ルリフタモジ(瑠璃二文字)」とも呼ばれています。

DATA
- 科名・属名●ユリ科 ツルバギア属
- 原産地●南アフリカ
- 見ごろ●6月〜9月
- 場所●マクダックス・デパートメントストア付近

MAP 9

マーガレット

素敵な恋の行方を占う"花占いの花"

マーガレットはカナリア諸島に自生する多年草で、日本に伝えられたのは明治時代といわれています。古くからヨーロッパの少女たちに"花占いの花"として親しまれてきました。花びらを一枚ずつ「愛してる」「愛してない」と交互にちぎり、最後の一枚が「愛している」になれば思いが叶うというものです。アメリカンウォーターフロントに咲いているマーガレットは、乙女心を映し出したような可憐な"ピンク"。パークでは花びらをちぎらずに素敵な恋を祈ってみてくださいね。

MAP 10

DATA
科名・属名 ● キク科 アルギランテマム属
原産地 ● カナリア諸島
見ごろ ● 2月〜5月
場　所 ● S.S.コロンビア号付近

アーント・ペグズ・ヴィレッジストアは花壇と菜園に囲まれたぬくもりのある店

アメリカンウォーターフロントのケープコッドにあるアーント・ペグズ・ヴィレッジストアの裏手には、ペグおばさんが丹精込めて育てている小さな野菜畑があります。

ここでは季節によって、ダイコンやキャベツ、ニンジンやタマネギといったたくさんの野菜が作られているのです。その数は年間20～30種類にものぼります。もちろん、収穫した野菜はペグおばさんが料理の腕を振るって、毎日の食卓にのぼります。

ペグおばさんは花もたくさん育てています。店の入り口の花壇には、いつもきれいな花が咲いていて、ケープコッドの住人や訪れるゲストの目を楽しませてくれます。窓を飾るプランターも素敵です。

ダッフィーのぬいぐるみや絵本を買ったあとは、ぜひ自慢の畑ものぞいてみてくださいね。

COLUMN ペグおばさんは ガーデニングが大好きって 知っていましたか？

ズッキーニ
ネギ
キャベツ
ナタマメ

LOST RIVER DELTA

ロスト
リバーデルタ

熱帯雨林から突如姿を現した
古代神殿には珍しいツル植物やシダ植物がいっぱい。
バナナやパイナップルといった
果実が多いのも、このエリアの特徴です。

アコウ　赤榕

東京ディズニーシーでいちばんの巨木

枝から垂れ下がるヒゲのような気根、編み目のように絡み合った幹など、アコウは一度見ると忘れられない特異な姿をしています。気根が近くの木に巻きついて、その木を殺してしまうこともあるので「締め殺しの木」という所もあるそうです。中央アメリカのジャングルをモチーフにしたロストリバーデルタには、この木がたくさん植えられています。なかでもピラミッド型神殿の近くにあるアコウ（右頁写真）は、東京ディズニーシーいちばんの巨木です。

東京ディズニーシー●ロストリバーデルタ

MAP ❶

DATA
科名・属名●クワ科イチジク属
原産地●沖縄〜東南アジア
見ごろ●5月（実）
場　所●ピラミッド型神殿付近

5月ごろ、枝や幹にイチジクに似た球形の果嚢（かのう）をびっしりとつけます

キングプロテア

王者の風格を持つ迫力満点の花

パークの雰囲気をよりエキゾチックなものにしてくれるのが、この花です。桃紫の花びらをダイナミックに広げた姿は、約30cmにもなり、その堂々とした姿から「花の王様」と呼ばれています。原産地の南アフリカ共和国では、この花が国花に定められています。プロテアには100種以上の品種があり、その名前はギリシャ神話に出てくる、姿を自由に変えられる海の神「プロテウス」にちなんでいるといわれています。

DATA
- 科名・属名●ヤマモガシ科 プロテア属
- 原産地●南アフリカ
- 見ごろ●4月～6月
- 場所●ロストリバークックハウス付近

MAP ②

ルッセリア 花丁子(ハナチョウジ)

ジャングルの川面を染める真っ赤な筒状花

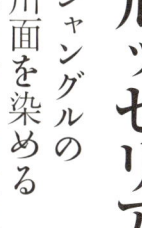

ディズニーシー・トランジットスチーマーラインの蒸気船がロストリバーデルタに入ると、河岸の岩肌に滝のように垂れ下がって咲いている赤い花が目につきます。これがルッセリアです。葉はウロコ状に退化してほとんどわかりません。和名の「花丁子」は筒状の花の形が香料の丁子(クローブ)に似ていることからこの名がつけられました。花期も長く、茎が垂れた樹形も個性的なので、庭のアクセントによい植物です。

MAP ❸

DATA
科名・属名● ゴマノハグサ科 ルッセリア属
原産地● メキシコ
見ごろ● 通年
場所● ディズニーシー・トランジットスチーマーライン付近

ミッキーマウスツリー

黒い実がなるとミッキーの顔に見えてくる不思議な木

ミッキーマウスに似たかわいい実がなることから、「ミッキーマウスツリー」と呼ばれます。じつは赤い花のように見える部分は萼で、本当の花は黄色。花は5月〜6月にかけて咲き、花びらが散ったあと黄緑色の萼が徐々に赤くなります。その上に黒い実がついて、ミッキーマウスのできあがり、となるわけです。お正月の羽子板の羽根にも似ていますね。

DATA
科名・属名● オクナ科オクナ属
原産地● 南アフリカ
見ごろ● 5月〜6月(花) 7月〜8月(実)
場所● ハンガーステージ横

MAP ❹

ウツボカズラ 靫葛

ジャングルの虫取り名人

欧米では"ピッチャープランツ"と呼ばれるように、葉っぱの先からつるを伸ばし、その先に水差しのような捕虫囊をつけます。捕虫囊は蜜のような分泌液で虫を誘い、中に落ちた虫は這い上がることができません。虫は中の酵素液で溶かされ、栄養分となって植物に吸収されます。品種によっては50cmを超える捕虫囊を持つものもあり、ネズミやカエルを捕まえることもあるようです。名前の由来は魚のウツボではなく、狩などで弓矢を入れるウツボ（靫）です。

DATA
科名・属名● ウツボカズラ科 ウツボカズラ属
原産地● 東南アジア、オーストラリア
見ごろ● 冬を除く通年
場所● ピラミッド型神殿付近

MAP ⑤

Tokyo DisneySea 36

カラタネオガタマ　唐種招霊

あたり一面に漂う甘い香りが魅力的

ロストリバーデルタでモクレンの花が咲き終わったころに、バナナのような芳香が漂ってくることがあります。これが別名「バナナツリー」とも呼ばれるカラタネオガタマです。花の直径は3cmくらいで、花びらは厚くクリーム色。縁がほんのり紅紫色を帯びることがあります。1個の花は1日～2日の寿命しかありませんが、次々に開花するので1ヵ月ぐらい花を楽しむことができます。香りは晴れた日よりも、曇った日のほうが遠くまで届くようです。

MAP ⑥

DATA
科名・属名●モクレン科オガタマノキ属
原産地●中国南部
見ごろ●5月～6月
場　所●インディ・ジョーンズ・アドベンチャー：クリスタルスカルの魔宮付近

シャクナゲモドキ　石楠花擬

ジャングルでひときわ目立つ鮮やかな紅色の花

3月～4月に紅色の花を下向きに咲かせる常緑花木です。葉は丸みを帯び、光沢のある滑らかな革質葉。花が枝先に集まって咲く特徴や、葉の雰囲気がシャクナゲに似ているので、「シャクナゲモドキ」の名がついています。常緑で花も大きく、強健で栽培も容易な植物なので、一般家庭の庭木としてもおすすめです。

MAP ⑦

DATA
科名・属名●マンサク科ロドレイヤ属
原産地●中国南部、西マレーシア
見ごろ●3月～4月
場　所●ピラミッド型神殿付近

チャンチン 香椿

春の芽吹きが美しいジャングルの麗人

DATA
- 科名・属名● センダン科 チャンチン属
- 原産地● 中国
- 見ごろ● 5月〜6月
- 場所● ピラミッド型神殿付近

MAP ❽

春、ロストリバーデルタのジャングルの中で、ひときわ目立つ薄紅色に染まった木があります。それがチャンチンです。センダン科の落葉高木で、春に芽吹いた若葉が薄紅色なのです。葉の色はその後、黄白色、緑と変化し、秋には美しい紅葉も楽しめます。原産地の中国では香りのある若葉は食用にされ、黄檗山万福寺の普茶料理に用いられることでも知られています。花が咲くのは7月ごろ。枝から房状の小さな白い花をたくさんつけます。

Tokyo DisneySea 38

東京ディズニーシー●ロストリバーデルタ

キリ 桐

春に咲く紫の花が美しい落葉高木

キリは湿気を通さず、割れや狂いが少ないことから、古くから良質の木材として箪笥などの高級家具に使われています。また、下駄の材料としても使われているので、和風な植物と思われがちですが、ロストリバーデルタでは花や葉のエキゾチックな形を活かして、ジャングルの一員として植えられ、雰囲気作りに一役買っているのです。開花は5月。紫色の筒状の花を咲かせ、その後に柔らかい短毛に包まれた大きな葉をつけます。

DATA
- 科名・属名●ノウゼンカズラ科 キリ属
- 原産地●東アジア
- 見ごろ●5月〜7月
- 場所●レイジングスピリッツ付近

MAP 9

ピンクバナナ
ジャングルの「生きた加湿器」!?

ロストリバーデルタの熱帯ジャングルの雰囲気を作り出している植物に、バナナがあります。植物には蒸散作用があるので、葉が大きなバナナはジャングルの「生きた加湿器」でもあるのです。

ちなみに「バナナの木」とよくいいますが、バナナはバショウ科の多年草で"草本"です。つまり、バナナは大きな草ということになります。写真は小型のバナナで耐寒性も強いピンクバナナです。

DATA
- 科名・属名 ● バショウ科 バショウ属
- 原産地 ● 東南アジア
- 見ごろ ● 7月〜8月
- 場 所 ● レイジングスピリッツ付近

MAP 10

キダチベゴニア 秋海棠(シュウカイドウ)

四季咲きの花が美しい園芸品種

日本には、500種とも700種ともいわれるほどベゴニアの品種がありますが、そのうち木のような形に育つものを「キダチベゴニア」といいます。もちろん、木ではなく草「キダチ」とついていますが、もちろん、木ではなく草。

キダチベゴニアは観賞価値が高く、花、葉、姿のすべてが美しく、挿し木繁殖で簡単に増やせるので、園芸用として非常に人気があります。一年中咲き続ける四季咲き性の品種が多いのも特徴のひとつです。花は赤、ピンク、オレンジ、白色など明るい色合いで、品がよく華やかです。

DATA
- 科名・属名● シュウカイドウ科ベゴニア属
- 原産地● 交配品種
- 見ごろ● 6月〜9月
- 場所● インディ・ジョーンズ・アドベンチャー：クリスタルスカルの魔宮付近

MAP 11

ウラムラサキ 裏紫

光沢を放つ葉の裏側にも注目！

冬から春にかけて薄紫で筒状の花を咲かせますが、見どころは花ではなく独特な葉にあります。葉は遠目からでもわかるほど輝いて見え、紫色に輝く葉と、銀白色に輝く葉の2種類に分かれます。どちらの葉色も深緑の葉の中心に斑点のような模様を作り出していいコントラストを作り出しています。また、双方ともに葉の裏側は濃い紫色をしており、このことから「ウラムラサキ」と呼ばれています。見つけたら、ぜひ葉の両面を観察してみてください。

DATA
- 科名・属名● キツネノマゴ科ストロビランテス属
- 原産地● ミャンマー
- 見ごろ● 6月〜10月
- 場所● ハンガーステージ付近

MAP 12

Tokyo DisneySea 42

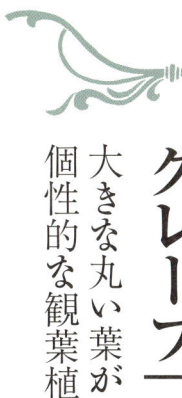

シーグレープ 浜辺葡萄(ハマベブドウ)

大きな丸い葉がかわいい個性的な観葉植物

観葉植物として人気のある低木です。多数に枝分かれして、肉厚で大きな葉をたくさん茂らせます。海辺に自生することから、和名は"ハマベブドウ"といいます。名前の通り、夏になるとかわいらしい白い花を咲かせ、その後にブドウのような形の食べられる果実を実らせます。

ロストリバーデルタでは、個性的な大きな葉が、植え込みのアクセントになっています。5℃あれば越冬するらしいのですが、ここでは冬は温室に引き上げて、春にパークに戻しています。

DATA
- 科名・属名●タデ科コッコロバ属
- 原産地●フロリダ南部、西インド諸島、南米北部
- 見ごろ●7月〜10月
- 場所●レイジングスピリッツ前

MAP⑬

ムサシアブミ 武蔵鐙

植え込みの中で鎌首を持ち上げる奇妙な植物

蛇が鎌首を持ち上げたような不気味な姿をした植物です。名前の由来は仏炎苞(ぶつえんほう)の形が昔、武蔵国で作られていた鐙(あぶみ)(馬具の一種で、馬に乗るときに足をのせる部分)に似ているためにこの名があります。仏炎苞の中には暑さをしのぐように白い肉穂花序(にくすいかじょ)が入っています。関東地方以西の海に近い、やや湿った照葉樹林の中などに生えるテンナンショウの仲間です。花が終わると毒々しい真っ赤な実をつけます。

DATA
- 科名・属名●サトイモ科テンナンショウ属
- 原産地●東アジア、ヒマラヤ
- 見ごろ●3月〜5月
- 場所●ロストリバーデルタ奥

MAP⑭

ギョボク 魚木

釣りの疑似餌として使われるユニークな植物

漢字で書くと「魚木」。この名前には少し変わった由来があります。葉が軽くて柔らかいため、水に浮かぶ性質を持っています。その特性を活かして、葉を丸めて魚の形を作り、釣りの疑似餌に使われたため「魚木」と呼ばれるようになったとか。もし、ギョボクの落ち葉を見かけたら、水に浮かべて確かめてみるのも面白いかもしれません。ギョボクは背の高い木で成長すると7m〜15mにもなり、夏に黄白色の花を咲かせます。

DATA
- 科名・属名●フウチョウソウ科 ギョボク属
- 原産地●東南アジア
- 見ごろ●5月〜7月
- 場所●インディ・ジョーンズ・アドベンチャー：クリスタルスカルの魔宮付近

MAP ⑮

メディテレーニアンハーバー MEDITERRANEAN HARBOR
アメリカンウォーターフロント AMERICAN WATERFRONT
ロストリバーデルタ LOST RIVER DELTA
マーメイドラグーン MERMAID LAGOON
アラビアンコースト ARABIAN COAST

Tokyo DisneySea 44

東京ディズニーシー●ロストリバーデルタ

サンユウカ 三友花

クチナシに似た甘い芳香の白い花

真夏に白く透き通るような花を咲かせるサンユウカ。暑い季節に見せる涼しげな姿は、見る者の心を癒してくれます。その魅力を存分に楽しみたいのなら、夜がオススメ。サンユウカは、甘い芳香を夜から朝にかけていっそう強く放つ特性があるからです。暖かな気候を好み、原産国のインドでは庭木によく利用される人気の花です。ロストリバーデルタに植えられているのは「Flore pleno」と呼ばれる、高さ3mほどになる八重咲きの園芸品種です。

DATA
科名・属名●キョウチクトウ科サンユウカ属
原産地●インド
見ごろ●6月〜10月
場所●レイジングスピリッツ付近

MAP 16

タイワンモクゲンジ
夏の鮮やかな黄色い花が印象的

台湾木欒子

MAP ⑰

高さ15mにもなるタイワンモクゲンジは、夏になると枝先に小さな黄色い花をたくさん咲かせ、パークの散策をいっそう楽しいものにしてくれます。鮮やかな花びらのつけ根にある、朱色の雄しべはアクセントとなって、とてもかわいらしい印象を与えます。夏の期間だけ、セミに吸われた樹肌が発酵するため、クワガタなどの昆虫が遊びにくることもあります。秋に差しかかるとホオズキに似た袋状の実をつけます。

DATA
科名・属名●ムクロジ科モクゲンジ属
原産地●台湾、ジャワ島
見ごろ●7月〜10月
場　所●ユカタン・ベースキャンプ・グリル付近

ムラサキナツフジ
花穂が垂れない南国原産の色鮮やかなフジ

紫夏藤、醋甲藤（サッコウフジ）

MAP ⑱

常緑つる性低木で中国南部から、台湾、沖縄にかけて分布します。花の形が春に咲く「フジ」とも呼ばれています。日本には江戸時代に渡来し、「醋甲藤（サッコウフジ）」とも呼ばれています。秋には扁平な莢果（きょうか）をつけます。フジに似ていますが、花穂が下に垂れないで、上向きに咲き、葉は常緑でやや厚みがあります。つまり、名前に「フジ」とはついているものの、フジとは別属の植物なのです。原産地の中国では、茎と根を薬用にするほか、茎の繊維でロープを編んだり、紙に漉いたりするそうです。

DATA
科名・属名●マメ科ナツフジ属
原産地●中国南部、台湾、沖縄
見ごろ●7月〜8月
場　所●ハンガーステージ付近

Tokyo DisneySea 46

東京ディズニーシー●ロストリバーデルタ

DATA
科名・属名●キョウチクトウ科 キバナキョウチクトウ属
原産地●熱帯アメリカ
見ごろ●7月〜9月
場　所●レイジングスピリッツ付近

キバナキョウチクトウ
夏風に花びらを揺らす黄色い風車

MAP 19

黄花夾竹桃

見どころはなんといっても、ほのかに香る黄色い花です。夏の青空にまぶしいくらいに輝く花は、鮮やかさと可憐さをあわせ持っています。また、5枚の花びらが重なるようにしてひとつの花を形作っているので、"風車"にも似ています。散策の際、風が吹いてきたらキバナキョウチクトウを探してみてください。緑の葉の隙間から黄色い花を風車のように揺らし、かすかな芳香を風に乗せているかもしれません。

パパイヤ　蕃瓜樹（バンカジュ）

栄養豊富な魅惑の甘い果実

独特の香りと、甘い果汁で人気が高いパパイヤは、温度さえあれば1本の木から年間100個もの実が採れます。東京ディズニーシーではちょうど目の高さに実がなっているので、実のつき方や成長過程などをつぶさに観察することができます。パパイヤは16世紀初頭にスペインの探検隊によって中南米で発見されました。成長が早く、植物全体が有用なため、たちまち世界中で生産されるようになりました。西インド諸島では葉を石鹸の代用にしているそうです。

熟しはじめたパパイヤの実

DATA
- 科名・属名 ● パパイヤ科パパイヤ属
- 原産地 ● 熱帯アメリカ
- 見ごろ ● 7月〜9月
- 場所 ● ハンガーステージ前

MAP 20

ミラクルフルーツ

実を食べると酸っぱいものが甘く感じる不思議な植物

西アフリカ原産のアカテツ科の灌木で、黄白色の小さな花をたくさん咲かせた後に、コーヒー豆ほどの小さな赤い果実をつけます。この実を食べた後に酸っぱいものを口にすると、甘く感じる現象がよく知られています。これは果実に「ミラクリン」という糖たんぱく質が含まれているためで、これが味蕾（みらい）に作用して、酸っぱいものを甘く感じさせているのです。効果は人によって違いますが30分から2時間程度持続するようです。

DATA
- 科名・属名 ● アカテツ科フルクリコ属
- 原産地 ● 西アフリカ
- 見ごろ ● 6月〜9月
- 場所 ● インディ・ジョーンズ・アドベンチャー：クリスタルスカルの魔宮付近

MAP 21

Tokyo DisneySea　48

東京ディズニーシー●ロストリバーデルタ

アンスリウム 大紅団扇（オオベニウチワ）

光沢のあるハート形の仏炎苞が特徴です

ロストリバーデルタのジャングルで見つけると「これって、本物？」と、つい触ってみしたい植物ですね。

たくなってしまうのがアンスリウムです。ハート形の仏炎苞は光沢があり、まるで造花のようです。花は仏炎苞の中心にある肉穂花序です。アンスリウムとは「尾のような花」という意味のギリシャ語。でも、尻尾のような花より、仏炎苞の独特のフォルムを観賞

DATA
- 科名・属名●サトイモ科 アンスリウム属
- 原産地●熱帯アメリカ
- 見ごろ●5月〜10月
- 場所●インディ・ジョーンズ・アドベンチャー：クリスタルスカルの魔宮付近

MAP㉒

パイナップル

ジャングルの巨大な松ぼっくり!?

草丈が1mを超える大型の植物で、説明するまでもありませんが、果実を食用とします。もともと熱帯アメリカ原産で、アジアへは15世紀ごろ、スペイン人によってもたらされたといいます。現在はタイやフィリピンなどが主産地で、

日本でも沖縄で栽培されています。縁にノコギリ状のギザギザをつけたシャープな葉は、ロストリバーデルタのジャングルでよく目立ちます。ちなみに語源は〝松ぼっくりのような丸い果実〟。見つけても、採取しないでくださいね。

DATA
- 科名・属名●パイナップル科 アナナス属
- 原産地●熱帯アメリカ
- 見ごろ●5月〜9月
- 場所●レイジングスピリッツ前

MAP㉓

ビカクシダ

大木にぶら下がる巨大な鹿の角!?

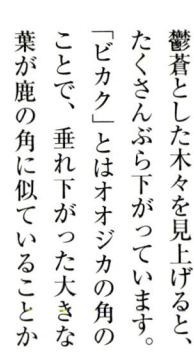

麋角羊歯、蝙蝠蘭（コウモリラン）

世界の熱帯に15種ほどが分布するビカクシダ属の着生シダで、ロストリバーデルタの鬱蒼とした木々を見上げると、たくさんぶら下がっています。「ビカク」とはオジカの角のことで、垂れ下がった大きな葉が鹿の角に似ていることから名づけられました。別名で「コウモリラン」や「バットマン」とも呼ばれます。葉の表面には白い綿状の毛が生えていて、見れば見るほど風変わりな植物です。熱帯の原産ですが耐寒性があって丈夫なため、パークでも越冬します。

DATA
- 科名・属名 ● ウラボシ科ビカクシダ属
- 原産地 ● アフリカ、アジアの熱帯、オーストラリア
- 見ごろ ● 通年
- 場所 ● ロストリバーデルタ各所

MAP 24

メディテレーニアンハーバー MEDITERRANEAN HARBOR
アメリカンウォーターフロント AMERICAN WATERFRONT
ロストリバーデルタ LOST RIVER DELTA
マーメイドラグーン MERMAID LAGOON
アラビアンコースト ARABIAN COAST

Tokyo DisneySea 50

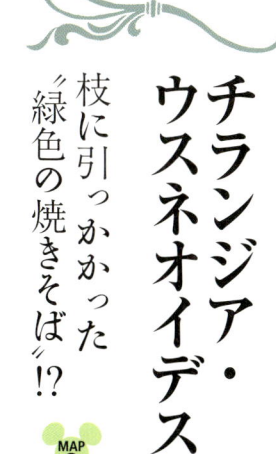

チランジア・ウスネオイデス

サルオガセモドキ

枝に引っかかった"緑色の焼きそば"!?

MAP 25

枝に着生して暖簾みたいに垂れ下がっている紐状の植物が、チランジア・ウスネオイデスです。エアープランツなので根は退化していて、水分や養分は空中から取り込みます。よく見ると、葉には銀白色の細かな毛が生えていて、茎は右巻き、左巻きと、節ごとに巻き方が逆転しています。春から初夏にかけて、淡い緑色の甘い香りがする小さな花が咲きます。

原産地のメキシコではウスネオイデスを束にして、梱包用のパッキング資材として利用しているそうです。

科名・属名 ● パイナップル科 チランジア属
原産地 ● 中南米
見ごろ ● ほぼ通年
場所 ● インディ・ジョーンズ・アドベンチャー：クリスタルスカルの魔宮など各所

DATA

カミヤツデ

紙八手、通草（ツウソウ）

ジャングルいちばんの大きな葉っぱ

MAP 26

ロストリバーデルタのあちこちに生えていて、熱帯ジャングルの雰囲気を作っている植物に、カミヤツデがあります。手のひらのような大きな葉は50cmを超えるものもあり、若い葉の表裏には細かな毛が密生しています。日本のヤツデをジャンボにしたような雰囲気で、冬に咲く花もヤツデに似ています。茎の髄の部分を使って、書画や造花などで使う「通草紙」を作ることから「紙八手」と呼ばれるようになりました。成長が早く、繁殖力も旺盛な植物です。

科名・属名 ● ウコギ科 カミヤツデ属
原産地 ● 台湾、中国南部、沖縄
見ごろ ● 11月～12月
場所 ● ミゲルズ・エルドラド・キャンティーナなど各所

DATA

オンシジウム

蝶が飛んでいるように見える優美な花

鬱蒼としたジャングルの緑の中で、鮮やかで黄色い可憐な花が目を引きます。英名では、美しい花が宙を舞い飛ぶ蝶を連想させることから「バタフライ・オーキッド」とも呼ばれます。属名のオンシジウムはギリシャ語の「瘤（こぶ）」という意味で、唇弁のつけ根に瘤状の突起があることによります。無数に咲く黄色い小花は花持ちもよく、花色は白、紫、緑黄色などもあり、赤褐色の斑紋が入っているものもあります。

群雀蘭（ムレスズメラン）、バタフライ・オーキッド

MAP 27

DATA
- 科名・属名●ラン科オンシジウム属
- 原産地●中南米
- 見ごろ●通年
- 場所●インディ・ジョーンズ・アドベンチャー：クリスタルスカルの魔宮付近

MEDITERRANEAN HARBOR / AMERICAN WATERFRONT / LOST RIVER DELTA / MERMAID LAGOON / ARABIAN COAST

ランタナ　七変化（シチヘンゲ）

暑い時期も次々と花を咲かせる植栽の優等生

江戸時代に渡来したといわれるこの花は、開花後、時間がたつにつれて、同一花序の外側から内側へと花色を変えるため、別名「シチヘンゲ」と呼ばれています。花期が長く、夏の暑さにも負けず晩秋までよくて見栄えがすること、病害虫がつかず丈夫な性質を持つことから、パークの植栽にとても重宝がられています。ランタナの仲間には、花や葉が小さく、茎が這うように伸びるコバノランタナという種類もあります。

DATA
- 科名・属名●クマツヅラ科ランタナ属
- 原産地●熱帯アメリカ、南アフリカ
- 見ごろ●5月～10月
- 場所●ロストリバークックハウス前

MAP 28

エピデンドラム

カラフルな房状の花が魅力的

華やかでクリアな花色が魅力的な中南米原産の洋ランです。多肉植物のようなつやつやした葉から細い茎を伸ばし、房状に花を咲かせます。ほかの洋ランよりも比較的寒さに強く、花持ちがよいのが特徴です。エピデンドラムという属名は、「木の上」を意味するギリシャ語に由来し、木に着生する着生ランであることを表しています。カトレアと近縁種で、南アメリカの熱帯を中心に約700種が分布しています。

DATA
- 科名・属名●ラン科エピデンドラム属
- 原産地●ブラジル、中南米
- 見ごろ●10月～11月
- 場所●インディ・ジョーンズ・アドベンチャー：クリスタルスカルの魔宮付近

MAP 29

クロガネモチ — 潮風に強い強健な植物

黒金黐、アクラ、フクラシバ、フクラモチ、クロガネノキ

モチノキの仲間で、若い枝や葉の軸が黒紫色を帯びるので、この名前があります。葉はツバキに似て革のような質感があり、表面はツヤツヤした光沢があります。5月〜6月に紫色がかった小さな花を咲かせ、果実は秋になると真っ赤に熟します。たくさんの実をつけた秋の姿は美しく、冬までその姿を楽しむことができます。「苦労せず金持ちになれる」との語呂あわせから、庭木にもよく使われる縁起のよい木です。潮風に強いことからパークの植栽にもたくさん使われています。

MAP 30

DATA
科名・属名●モチノキ科モチノキ属
原産地●日本、台湾、中国
見ごろ●5月〜6月(花)、10月〜2月(実)
場 所●インディ・ジョーンズ・アドベンチャー：クリスタルスカルの魔宮付近

ザクロ — ジャングルに咲く、美しい"紅一点"

柘榴

種が多いことから、アジアでは昔から子孫繁栄、豊穣のシンボルとされていました。いびつな球形をした果実は完熟すると裂けて、その裂け口から宝石のような種子がのぞきます。初夏に咲く濃い赤橙色の花も美しく、「紅一点」という言葉は、中国の王安石が林の中に咲くザクロの花を詠んだ詩から出た言葉です。漢字では「柘榴」と書きますが、榴は瘤のことで、その果実が瘤のように見えることからつけられたようです。

MAP 31

DATA
科名・属名●ザクロ科ザクロ属
原産地●南西アジア
見ごろ●6月(花)、10月〜11月(果実)
場 所●レイジングスピリッツ付近

Tokyo DisneySea

ホトトギス

杜鵑草、時鳥草、油点草、鶏脚草

密林に咲く、鳴かない不如帰！？

鳥の名前がそのままつけられている唯一の植物です。ホトトギスの胸毛と花びらの濃紫の斑点が似ていることから名づけられたそうで、葉のつけ根から咲く花の形がとてもかわいらしく、パークでも人気があります。東アジアに19種、日本に13種自生しています。葉に油の垂れたような黒い斑点があることから中国では「油点草」と呼ばれ、日本でもこの字を当てることがあります。

漢名では「鶏脚草」ともいいます。花の形が鶏の足によく似ています。

DATA
科名・属名●ユリ科ホトトギス属
原産地●日本
見ごろ●9月～12月
場　所●インディ・ジョーンズ・
アドベンチャー：
クリスタルスカルの魔宮付近

MAP 32

東京ディズニーシー●ロストリバーデルタ

フウトウカズラ 風藤葛

遺跡の壁を登る赤い実のつる植物

コショウの仲間で木や壁などにつるを這わせて成長します。つるは巻きつくことなく着生し、気根を出して伸びてきているのを感じます。

花は5月～6月ごろに数センチの稲穂状で、垂れ下がるように咲きます。その後、冬になると朱色の小さな実が寄り添うようにつき、とてもかわいらしい姿を見せてくれます。日の当たらないロストリバーデルタのジャングルで、赤い実をたくさんつけたフウトウカズラに出会うと、春がすぐ近くまでやってきているのを感じます。

DATA
科名・属名 ● コショウ科コショウ属
原産地 ● 台湾、朝鮮半島南部、日本の暖地
見ごろ ● 5月～6月（花）、11月～3月（実）
場 所 ● インディ・ジョーンズ・アドベンチャー：クリスタルスカルの魔宮付近

MAP 33

ヘビの鎌首のようなキダチアロエの花穂

キダチアロエ

花も美しいアフリカ生まれの多肉植物

昔からキダチアロエといえば「医者いらず」といわれ、薬用としてのイメージがあります。サボテンに似ていますが、実際はユリ科の植物です。南アフリカ原産で乾燥に強く、刺があり、形がサボテンに似ていますが、実際はユリ科の植物です。ちなみに「アロエ」はアラビア語で「苦い」という意味を持つそうです。

子どものころに膝に擦り傷を作ったときは、庭先のアロエの葉を折って使ったものです。

DATA
科名・属名 ● ユリ科アロエ属
原産地 ● 南アフリカ、マダガスカル
見ごろ ● 12月～3月（花）
場 所 ● レイジングスピリッツ付近

MAP 34

Tokyo DisneySea 56

ベニバナミツマタ 紅花三椏

ぼんぼりのような丸い花がかわいらしい

桜が終わるころ、ロストリバーデルタで春を待ちかねたように咲いているのがミツマタです。名前は枝が3本ずつ出て、三つ叉に分かれる特徴があるからで、見た目そのままの名前ですが説得力があって、覚えやすい植物です。樹皮の繊維が長く、しなやかなこともあり、昔から和紙の原料とされ、今でもお札や証券にはミツマタが使われています。花はボール状で紅花のほかに黄花があり、ともに葉が出ないうちに咲き出します。

MAP �35

DATA
科名・属名● ジンチョウゲ科 ミツマタ属
原産地● 中国
見ごろ● 3月～4月
場 所● インディ・ジョーンズ・アドベンチャー：クリスタルスカルの魔宮付近

自然のままのように見えますが、植栽キャストによってちゃんと管理されているのが、ロストリバーデルタのジャングルです。
　たとえば、ジャングルの中には、ツタやカズラに覆われた古代の神殿や石像が点在しています。これらのつる性植物は成長が早く、放っておくと、あっという間に遺跡を覆ってしまうのです。そこで、植栽キャストが壁面のロックワークが隠れないように、間引いたり、剪定したりして、ベストの状態を維持しているのです。その目安は壁の面積の半分を超えない程度。もちろん、剪定するときは、切り口を見せないようにするのも大事なポイントです。ジャングルの中に剪定した跡のあるつるがあったら、イメージが台無しですものね。このようにロストリバーデルタのジャングルでは、管理しているように見せない管理が日々、行われているのです。

←木々の紅葉とはまたひと味違う美しさがあるナツヅタの紅葉。ロストリバーデルタではツタやカズラなど、さまざまな種類のつる植物が、長い間うち捨てられた遺跡の雰囲気を醸し出しています。

Tokyo DisneySea

COLUMN

ロストリバーデルタの遺跡を覆うツタこそ、植栽キャストの腕の見せどころなのです

MERMAID LAGOON

マーメイド
ラグーン

アリエルと仲間たちが暮らす海底王国には
鮮やかな花と珍しい多肉植物がいっぱい。
風に揺らぐシダレヤナギも、
潮流に揺れる水生植物を連想させます。

メディテレーニアンハーバー MEDITERRANEAN HARBOR
アメリカンウォーターフロント AMERICAN WATERFRONT
ロストリバーデルタ LOST RIVER DELTA
マーメイドラグーン MERMAID LAGOON
アラビアンコースト ARABIAN COAST

Tokyo DisneySea

ムベ 郁子

日本原産の"無病長寿の霊果"

日本から朝鮮半島南部にかけて分布する常緑のつる性樹木です。マーメイドラグーンでも長いつるを柵に這わせ、きれいな葉を茂らせています。春に白くおしとやかな花を咲かせ、秋になると、アケビに似た果実を実らせます。古くから"無病長寿の霊果"として知られ、天智天皇に長寿の秘訣をたずねられた老夫婦が、この果物を献上したところ、天皇が感心して「むべなるかな（いかにももっともなことである）」といったことから"ムベ"と名づけられたといいます。

DATA
- 科名・属名●アケビ科ムベ属
- 原産地●日本、朝鮮半島南部
- 見ごろ●4月～5月
- 場所●アリエルのグリーティンググロット付近

MAP ①

東京ディズニーシー●マーメイドラグーン

科名・属名	●トケイソウ科 トケイソウ属
原産地	●中南米
見ごろ	●5月〜6月
場所	●アリエルのアリエルのグリーティンググロット

DATA

トケイソウ 時計草

美しさとグロテスクさが同居した刺激的な植物

アジサイの咲くころになると、マーメイドラグーンの柵や垣根に一風変わったつる性の花を見かけることがあります。それがトケイソウです。花は直径10cmほどの大輪で、青紫のふちどりが鮮やかです。雄しべと雌しべが巨大で、前に大きくせり出し、美しさとグロテスクさが同居したインパクトのある植物です。名前の由来は説明するまでもなく、花弁などが文字盤、雌しべが針。「時の記念日」の6月10日ごろから咲き始めるので、とても覚えやすい植物です。

熟したトケイソウの実

Tokyo DisneySea 62

東京ディズニーシー●マーメイドラグーン

アジサイ 紫陽花

雨のパークを彩る移り気な花

梅雨から夏にかけて咲くアジサイは、別名を"七変化"というように、咲いているうちに花色が変化していきます。そのせいか花言葉も「移り気」です。原産は日本です。しとしとと雨の降る中で咲くアジサイはまさに日本の原風景でもあります。パークでもよく見られる手まり形の西洋アジサイは、もとは関東地方の海岸に自生していたガクアジサイが、イギリスに持ち帰られ、改良されたものといわれています。

DATA
科名・属名●ユキノシタ科アジサイ属
原産地●日本
見ごろ●5月〜7月
場　所●フランダーのフライングフィッシュコースター付近

MAP 3

ハマユウ 浜木綿、浜万年青

夕暮れのマーメイドラグーンを包む魅惑の芳香

暖かい地方の海岸に生えるヒガンバナ科の常緑多年草です。日本各地の海岸で見ることができるのは、種子がコルク状の種皮に包まれているため、海流によって運ばれたものと推察されます。白くて細長い花びらが、古代から神事に使われる木綿(ゆう)に似ていることから、この名がつけられたそうです。日没前後にかけて花の芳香が強くなる特性があります。夕暮れのパークを散歩される際は、ぜひ、その香りを感じてみてください。

DATA
科名・属名●ヒガンバナ科ハマオモト属
原産地●日本
見ごろ●8月〜10月
場　所●アリエルのグリーティンググロット横

MAP 4

エオニウム 'クロホウシ' サンシモン

黒光りした葉っぱが印象的な観葉植物

ツヤのある多肉質の黒い葉が印象的です。ベンケイソウ科の植物で、「サンシモン」とも呼ばれます。成長にともない下葉を落とし、茎立ちとなります。マーメイドラグーンで見られる'クロホウシ'は春になると葉の中央部から花茎を伸ばし、黄色の大きな花穂を咲かせます。強い光が大好きで、日光をたくさん浴びると黒い色がいっそう鮮やかになります。でも、光が弱いと緑色の葉になります。一度見たら忘れられない植物です。

MAP 5

DATA
科名・属名 ● ベンケイソウ科 エオニウム属
原産地 ● モロッコ、地中海性気候区
見ごろ ● 4月～5月(花)
場 所 ● フランダーのフライングフィッシュコースター横

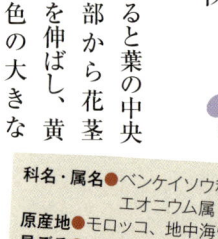

カラー 阿蘭陀海芋（オランダカイウ）

水辺を好む純白の花

立ち姿が美しく、シンプルで清楚な花を咲かせます。マーメイドラグーンの水辺で見られるカラーは、エチオピアと呼ばれる品種で、この1種だけが川や池などの湿地を好みます。カラーはエチオピアの国花でもあり、「リリー・オブ・ザ・ナイル」とも呼ばれています。白い花のように見えるところは仏炎苞といい、実際の花は棒状の黄色い部分です。サトイモ科の特徴的な花です。

MAP 6

DATA
科名・属名 ● サトイモ科 オランダカイウ属
原産地 ● 南アフリカ
見ごろ ● 5月～7月
場 所 ● マーメイドラグーン河岸

東京ディズニーシー●マーメイドラグーン

シコンノボタン

紫紺野牡丹、スパイダーフラワー

朝咲いて翌日には散る紫色の一日花

MAP ❼

晩夏から晩秋まで花期の長い常緑低木です。花は五弁で、濃い紫色の大輪花が鮮やかです。マーメイドラグーンの水辺で咲く姿は、落ち着いた和の風情がありますが、ブラジル原産の植物です。一日花ですが、花つきがよく、毎日たくさんの花を次々と咲かせます。雄しべが長く飛び出していて、蜘蛛の足に似ているので、「ブラジリアン・スパイダーフラワー」の名前があります。「ノボタン」という日本の固有種がありますが、シコンノボタンとは別属です。

DATA
- 科名・属名●ノボタン科 シコンノボタン属
- 原産地●ブラジル
- 見ごろ●8月～12月
- 場 所●マーメイドラグーン河岸

COLUMN

マーメイドラグーンの多肉植物はサンゴをイメージして植えられています

　マーメイドラグーンはディズニー映画『リトル・マーメイド』の世界を再現したものです。アバブ・ザ・シー（海の上）とアンダー・ザ・シーからなる2つのエリアには、トビウオと一緒に浅瀬を飛び回ったり、クラゲにつり下げられたゴンドラで海中を上下したりと、愉快なアトラクションもいっぱいです。
　でも、ここは植栽キャストたちを多いに悩ませたテーマポートでもあったのです。なんてったって、ここは潮だまりと海の底なのですから、植物はちょっとね……。
　そこで植栽キャストたちは考えました。そして、違和感のないように、多肉植物を使って海中のサンゴのような雰囲気を作り出したのです。
　マーメイドラグーンを散策すると、アガベやエオニウム、アロエといったロゼット状の多肉植物がたくさん植えられています。季節によってそれらは長い花茎を伸ばして、赤や黄色の花を咲かせます。それはまるで、水中花のような鮮やかさです。

東京ディズニーシー●コラム

ARABIAN COAST

アラビアン
コースト

ヤシが繁り、
ストレリチア（極楽鳥花）が咲く
異国情緒たっぷりのエリア。
宮殿の中庭や市場を散策するだけで、
アラジンの魔法の世界に
引き込まれてしまいます。

メディテレーニアンハーバー MEDITERRANEAN HARBOR
アメリカンウォーターフロント AMERICAN WATERFRONT
ロストリバーデルタ LOST RIVER DELTA
マーメイドラグーン MERMAID LAGOON
アラビアンコースト ARABIAN COAST

Tokyo DisneySea 68

ストレリチア

極楽鳥花(ゴクラクチョウカ)

オレンジ色の花はエキゾチックムード満点

南アフリカ原産の常緑多年生植物です。肉厚の大きな葉や、夏に咲くオレンジ色の花はエキゾチックムード満点で、アラビアンコーストの雰囲気にピッタリです。花の形は、鳥が飛び立つような姿で、その特徴から、日本では「ゴクラクチョウカ」、英国では「バード・オブ・パラダイス・フラワー」と呼ばれています。くちばしに見える部分が苞で、オレンジ色と紫色のトロピカルな花を咲かせます。

DATA
- 科名・属名●バショウ科ストレリチア属
- 原産地●南アフリカ
- 見ごろ●6月～8月
- 場所●アグラバーマーケットプレイス前など各所

MAP ①

メディテレーニアンハーバー
MEDITERRANEAN HARBOR

アメリカンウォーターフロント
AMERICAN WATERFRONT

ロストリバーデルタ
LOST RIVER DELTA

マーメイドラグーン
MERMAID LAGOON

アラビアンコースト
ARABIAN COAST

Tokyo DisneySea

コガネノウゼン ― イペー

黄金凌霄、

春のそよ風に揺れる鮮烈な黄色い花

アラビアンコーストでは春の訪れとともに、コガネノウゼンの鮮やかな黄色い花が咲きます。コガネノウゼンはブラジル、コロンビア原産の落葉高木の花木です。サクラのように葉の出る前にたくさんの花をつけます。ブラジルではこの花が国樹となっています。日本では1970年代に沖縄に輸入され、現地では「イッペー」と呼ばれて親しまれ、イッペー祭りやイッペー通りがあるほどです。近縁種に桃色の花をつける「アカバナイペー」もあります。

DATA
科名・属名●ノウゼンカズラ科 タベブイア属
原産地●ブラジル、コロンビア
見ごろ●3月〜4月
場所●シンドバッド・ストーリーブック・ヴォヤッジ付近

MAP ②

ミモザ　銀葉（ギンヨウ）アカシア

アラビアンコーストに春の訪れを知らせる使者

早春に黄色のポンポン状の小さな花をたくさん咲かせるのがミモザです。たわわに咲きりが、明るく感じられるほどです。銀灰色の美しい葉はモンキチョウの幼虫の大好物でもあり、夏になるとミモザのまわりで、モンキチョウをよく見かけます。また、ミモザはその鮮やかな花色から、カクテルの名前やサラダの名前にも使われています。

DATA
- 科名・属名 ● マメ科アカシア属
- 原産地 ● オーストラリア
- 見ごろ ● 2月〜4月
- 場所 ● アブーズ・バザール付近

MAP ③

デザートピー

奇怪な花を咲かせる"砂漠のお豆"

オーストラリア南部の砂漠に原生する多年草で、欧米では400以上の園芸品種が作られているほど、人気のある花です。自生地では這って茎を伸ばし、花茎だけを立ち上げて花をつけます。花は房状で長さが10cmほどもあり、花色は鮮やかな光沢のある赤。形は鳥の頭を連想させます。花の中心部にある黒い部分は漫画に出てくる妖怪の目玉のようで、ちょっと不気味です。ちなみに、デザートは「砂漠」の、ピーは「お豆」のことです。

DATA
- 科名・属名 ● マメ科クリアンサス属
- 原産地 ● オーストラリア
- 見ごろ ● 4月〜5月
- 場所 ● オープンセサミ付近

MAP ④

東京ディズニーシー●アラビアンコースト

アーモンド 扁桃、巴旦杏（ヘントウ、ハタンキョウ）
桃に似たペールピンクの可憐な花

MAP ⑤

バラ科サクラ属の落葉高木で、桃、杏、梅などと近縁の植物です。4月ごろ、桃に似たピンクの花が咲きます。実は9月ごろに成熟します。桃や梅は果肉を食べますが、アーモンドは果肉が薄く、種の中にひとつずつ入っている「仁」の部分を食べます。紀元前1352年、ツタンカーメン王が亡くなったとき、王の墓には死後の旅路の食糧として、アーモンドが入れられたとの記述が残されていて、古代エジプト時代から栽培されていたことがわかります。

DATA
- 科名・属名●バラ科サクラ属
- 原産地●地中海地方
- 見ごろ●3月〜4月
- 場　所●サルタンズ・オアシス横

カッシア
黄色い花がかわいらしいマメ科の植物

MAP ⑥

細い常緑の葉と黄色い花のコントラストが素敵な植物です。マメ科なので、夜になると葉が閉じます。熱帯では庭園樹として広く植栽されているようです。カッシア属は500種以上あり、多くは房状の黄色い花が株全体を覆うように咲くのですが、まれに赤色のものや白色もあります。最近、「アンデスの乙女」の流通名で園芸店に出回っているのも同じ仲間です。

DATA
- 科名・属名●マメ科カッシア属
- 原産地●ブラジル、アルゼンチン
- 見ごろ●10月〜12月
- 場　所●シンドバッド・ストーリーブック・ヴォヤッジ付近

オーストラリアビロウ

宮殿にそびえる北限のヤシ

アラビアンコーストの宮殿の中庭に、エキゾチックムードを盛り上げている背の高い4本のヤシが並んでいます。これはオーストラリアビロウという日本では珍しいヤシで、オーストラリアの北東部が故郷です。葉先が垂れるのが特徴で、大きな丸い葉は手の平のように深く切れ込んでいます。8月～9月ごろ、葉の基部から円錐花序を出し、クリーム色の花を咲かせます。潮風に強い品種で、東京ディズニーシーが北限といわれています。

DATA
- 科名・属名 ● ヤシ科ビロウ属
- 原産地 ● オーストラリア北東部
- 見ごろ ● 8月～9月（花）
- 場所 ● 宮殿の中庭

MAP ❼

MEDITERRANEAN HARBOR
AMERICAN WATERFRONT
LOST RIVER DELTA
MERMAID LAGOON
ARABIAN COAST

Tokyo DisneySea　74

東京ディズニーシー●アラビアンコースト

パンパスグラス
アラビアンコースト沿岸で巨大な花穂が目立ちます

白銀葦(シロガネヨシ)

MAP 8

DATA
科名・属名 ● イネ科 コルタデリア属
原産地 ● 南アメリカ
見ごろ ● 9月～10月
場所 ● アラビアンコーストの沿岸部

ふわふわした巨大な花穂が特徴の植物です。花穂は大きなものだと2m～3mくらいにまで成長します。根がしっかりと張るので、風が強い場所でも育ちます。南アメリカ原産の植物ですが、寒さには強く、パークでも越冬します。「パンパ」とはアルゼンチン近辺の草原地域の名前。つまり「パンパ地方に生えているグラス（草）」が名前の由来です。

COLUMN

ディズニーランドローズというバラが あることを知っていましたか?

春、東京ディズニーランドのプラザ付近の花壇では、オレンジ色のディズニーランドローズが満開になります

東京ディズニーリゾートにはたくさんのバラが植えられていますが、その中に"ディズニーランドローズ"という品種があるのをご存知でしたか? このバラはカリフォルニアのディズニーランドリゾートとバラ育種会社が、2003年に共同で開発したもので、ディズニーランドの華やかなパレードをイメージして作出されました。じつはこのバラ、咲き始めはオレンジ色なのですが、咲き進むにつれて花弁がサーモンピンクに変わり、遠目からでもよく目立ちます。

このほかにも、フランスの女優ブリジッド・バルドーに捧げられたといわれる"スーパースター"や、"香りのバラの代名詞"とも呼ばれる"芳純"、聖火のように鮮やかな朱色が特徴の"オリンピック・ファイアー"など、パークではたくさんのバラたちが美を競い合い、ゲストの目を楽しませてくれるのです。

Tokyo DisneySea

東京ディズニーシー●コラム

アラビアンコーストの宮殿の中庭に咲く
真っ赤な"スーパースター"

淡い藤色の"しのぶれど"は
奥ゆかしさと和の雰囲気を感じさせるバラ

COLUMN 東京ディズニーリゾートの植物はシャワー好きです！

東京ディズニーリゾートの植物にも悩みはあります。それは海から吹きつける潮風です。塩害を受けた植物は、葉の周囲が黒ずんで、放っておくとやがて枯死してしまいます。そこで、パークではすべての植栽地に、塩分の洗浄と灌水を目的にしたスプリンクラーを設置しています。その数は両パーク合わせて6000個にものぼります。

閉園後、コンピューターで集中制御されたスプリンクラーからの散水で、葉についた塩分はきれいに洗われます。パークの植物はシャワー好きなんですね。ちなみに、スプリンクラーの水は排水を浄化処理したリサイクルウォーターを使います。パークではエコ対策も進んでいるのです。

花壇の植え替えをするときは、植栽キャストがホースを使って丁寧に灌水します

東京ディズニーランドの
Plant in Tokyo Disneyland
植物

東京ディズニーランドにはおよそ200ヵ所の花壇があり、
その総面積は5500㎡にものぼります。
そして、花壇に植えられる花だけでも年間220種以上。
一年中花が咲き誇る都会的な植栽が見どころです。

80

FANTASY LAND

ファンタジーランド

ここはディズニーの名作映画や童話の世界が広がるおとぎの国。
物語の舞台となった中世ヨーロッパを再現した街には、
カラフルな花壇や彫刻のようなトピアリーが植栽されていて、
ファンタスティックな雰囲気を盛り上げます。

ファンタジーランド / FANTASYLAND

アドベンチャーランド / ADVENTURELAND

ウエスタンランド / WESTERNLAND

クリッターカントリー / CRITTER COUNTRY

トゥーンタウン / TOONTOWN

トゥモローランド / TOMORROWLAND

Tokyo Disneyland

チューリップ

パークの花壇を埋め尽くす、かわいらしい春の主役たち

赤、黄、白、ピンクなど、さまざまな色でかわいらしく咲くチューリップは、春に咲く花の代表格です。育てやすく種類も豊富で、江戸時代から日本人に親しまれてきました。チューリップの語源は、頭に巻くターバン（tulipan）に似ていることから、それが訛ってつけられたといわれています。花びらが全開せず、重なりあってきれいにまとまった姿は、なるほどターバンにそっくりです。寒さの残るこの季節、プラザの春花壇に咲くチューリップは、心弾む鮮やかさで、ゲストを迎えてくれます。

東京ディズニーランド●ファンタジーランド

MAP ①

DATA
- 科名・属名●ユリ科 チューリップ属
- 原産地●トルコ
- 見ごろ●3月〜4月
- 場 所●スノーホワイトグロット など各所

ホスタ 擬宝珠(ギボウシ)

日陰を明るく演出してくれる美しく多彩な葉色

初夏から秋にかけて白、ピンクなどの花を咲かせますが、花の寿命は短く1日で萎んでしまうため、英国では「ディ・リリー」と呼ばれることもあります。葉にきれいな白や黄色の斑が入る品種もあり、花だけでなく葉の観賞価値が高いのも魅力です。若い芽を食用にする品種もあり「うるい」と呼ばれている山菜は、ホスタの一品種です。とても丈夫で半日陰から日陰の湿潤地でも育つため、パークの植栽としても、大いに活躍しています。

DATA
- 科名・属名●ユリ科ギボウシ属
- 原産地●日本、中国
- 見ごろ●6月〜9月（花）
- 場 所●スノーホワイトグロット

MAP ②

Tokyo Disneyland 84

ヤマボウシ 'サトミ' '山法師' '里美'

花も実も紅葉も美しい、見どころ満載の植物

野生のヤマボウシは真っ白な花が特徴ですが、ファンタジーランドで見ることのできるヤマボウシは'サトミ'という園芸種で、鮮やかなピンク色をしています。幹の下から見上げてみると、春の青空に向かってまっすぐ枝先が伸びてゆき、ピンクの花と淡い緑の葉が、さわやかなコントラストを描いています。9月ごろになると2cmほどの丸い果実がつきます。形もかわいらしく、赤く色づきます。甘くて食べられるこの果実を、くまのプーさんも楽しみにしているかもしれませんね。

DATA
科名・属名●ミズキ科ミズキ属
原産地●交配種（日本）
見ごろ●5月〜7月(花)、9月〜10月(実)
場　所●プーさんのハニーハント付近
MAP ③

ハナモモ 花桃

春のパークを桃色に染める観賞用の落葉小高木

モモは昔から「お花をあげましょ桃の花♪」と歌われ、ひなまつりの花として日本でもあって、花はサクラの咲く時期に前後して最盛期を迎え、パークを鮮やかに彩ってくれます。
お馴染みですが、実を採るのを実桃、そして、花を観賞するために改良されたものをハナモモと呼んで区別しています。ハナモモにはバラエティに富んだ美しい品種が多く、桃色のほかに、白、赤、紅白の咲き分けをするものもあって、花はサクラの咲く時期に前後して最盛期を迎え、パークを鮮やかに彩ってくれます。

DATA
科名・属名●バラ科サクラ属
原産地●中国
見ごろ●4月
場　所●ホーンテッドマンション付近
MAP ④

ヤマブキ｜山吹
しなやかな枝いっぱいに咲く山吹色の花

日本の山野にも自生している落葉性の低木です。4月から5月ごろ、鮮やかな黄色い5弁花（一重の場合）を咲かせます。花の色はいわゆる「山吹色」と呼ばれる色で、花が満開の時期は枝いっぱいにこの色の花を咲かせます。名前はしなやかな枝が山のかすかな風にも揺れるさまから「山振り（やまぶり）」と呼ばれ、それが転訛して山吹になったといわれています。パークでは白い花が咲くシロヤマブキも見られますが、こちらは4弁花でヤマブキとは別属になります。

- 科名・属名●バラ科ヤマブキ属
- 原産地●日本、中国
- 見ごろ●4月〜5月
- 場所●イッツ・ア・スモール・ワールド付近

DATA

MAP ⑤

Tokyo Disneyland 86

ヒマラヤスギ

大きな松ぼっくりがつく、樹形の美しい針葉樹

常緑の針葉樹で20m～30mにもなる高木です。名前は「ヒマラヤスギ」ですが、スギではなく本当はマツの仲間です。樹形が円錐形で美しいために、世界中で公園樹として利用されています。雌雄異花で雄花は子犬の尻尾に似ています。

大きな松ぼっくり（球果）は秋になるとバラバラになって落下します。パークで見られるヒマラヤスギは自然樹形のものもありますが、刈り込まれて樹形がまったく変わってしまっているものもあります。よく観察して見つけてくださいね。

DATA
- 科名・属名●マツ科ヒマラヤスギ属
- 原産地●ヒマラヤ
- 見ごろ●通年
- 場所●ホーンテッドマンション横

MAP ❻

セイヨウシャクナゲ ／ 西洋石楠花

艶やかな花と照りのある美しい葉を楽しむ

セイヨウシャクナゲはヒマラヤ原産のシャクナゲが、古い時代にヨーロッパに渡り、改良されて広まりました。花の豪華さと花色が豊富で、今では多くの園芸品種が存在します。品種により、白、ピンク、赤、黄色、青紫などのカラフルで豪華な花を咲かせます。また、花の美しさばかりでなく、濃い緑で照りのある厚い葉が密に茂るので、存在感もあり、草花の背景を作る緑としても貴重です。

DATA
- 科名・属名●ツツジ科ツツジ属
- 原産地●ヒマラヤ地方
- 見ごろ●4月～5月
- 場所●シンデレラ城横

MAP ❼

アガパンサス 紫君子蘭、アフリカンリリー
梅雨空を払う明るい "愛の花"

6月になると、梅雨時の鬱陶しさを払うように、花茎がスーッと立ち上がり、その先に薄紫の明るい花が放射状に咲き始めるのがアガパンサスです。南アフリカに10種類ほど分布する多年草で、見た目がクンシランに似ているために、「ムラサキクンシラン」の和名がありますが、クンシランとはまったく別の種類です。アガパンサスとはギリシャ語の愛の意味を持つ「アガペ」と、花の意味を持つ「アンサス」との結合語で、「愛の花」といった意味があります。

DATA
- 科名・属名●ユリ科 アガパンサス属
- 原産地●南アフリカ
- 見ごろ●6月〜7月
- 場 所●イッツ・ア・スモールワールド付近

Tokyo Disneyland 88

ダッチアイリス
球根アイリス、オランダアヤメ

花色が豊富で
ビロードのような花弁が自慢

ヨーロッパ南部が原産の「スパニッシュアイリス」を中心に、複雑な種間交配を繰り返されて作出された品種群です。この交配は19世紀の終わりからオランダで始まりました。今では広く普及して、一般的に「アイリス」といえばこの品種群を指します。開花は4月から5月ごろ。青色や紫色、黄色、白色など、さまざまな色の花を咲かせます。和名では「球根アイリス」と呼ばれます。

DATA
- 科名・属名●アヤメ科アヤメ属
- 原産地●地中海沿岸
- 見ごろ●4月〜5月
- 場所●ホーンテッドマンション付近

MAP ⑨

東京ディズニーランド●ファンタジーランド

ブッドレア
蝶も誘われる甘い芳香の鮮やかな花

中国原産ですが品種改良された園芸種も含め、世界の温帯地域に仲間が約100種類分布する常緑性の低木です。

小さな花をたくさん咲かせ、稲穂状の形をつくるのが特徴で、白、ピンク、紫と色鮮やかな花色を持つのが魅力です。甘い香りに誘われて蝶が集まってくることから「バタフライブッシュ」とも呼ばれています。ファンタジーランドを散策の際は、ぜひブッドレアの前で休憩してみてはいかがでしょうか。きれいな蝶が遊びにくるかもしれません。

DATA
- 科名・属名●ウツギ科 ブッドレア属
- 原産地●中国西部
- 見ごろ●6月〜10月
- 場所●プーさんコーナー横など

Tokyo Disneyland　90

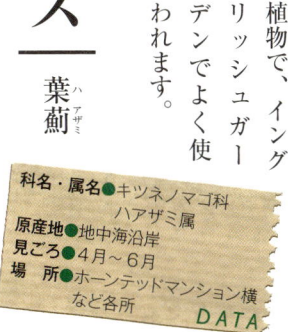

アカンサス 葉薊(ハアザミ)

アザミに似たギザギザの葉が特徴

アカンサスの仲間は地中海沿岸を中心に約20種類が分布しています。大型の多年草で、葉はアザミのような形をしていて、50cm〜80cmにもなる花茎を伸ばし、紫と白の独特な形の花を咲かせます。古代ギリシャのコリント様式の建築には、図案化されたアカンサスの葉が用いられており、人間との古いかかわりも感じられます。日陰でも育つ丈夫な植物で、イングリッシュガーデンでよく使われます。

DATA
- 科名・属名●キツネノマゴ科 ハアザミ属
- 原産地●地中海沿岸
- 見ごろ●4月〜6月
- 場所●ホーンテッドマンション横 など各所

MAP ⓫

スイレン 睡蓮、ウォーターリリー

プラザの湖に浮かぶ、薄ピンクの神秘的な花

熱帯から温帯地域に約40種類が分布しています。スイレンといえば水面に浮かぶ切れ込みのある葉が印象的ですが、夏は薄ピンクの美しい花を見ることができます。水面に広がる丸い黄緑色の葉の合間から、顔をのぞかせた花の姿は、とても清純でかわいらしいものがあります。エジプトでは国花に指定され、「ナイルの花嫁」とも呼ばれているそうです。夏のパークを散策する際は、プラザの湖畔で「ナイルの花嫁」と夕涼みをしてみてはいかがでしょうか。

DATA
- 科名・属名 ● スイレン科 スイレン属
- 原産地 ● 交配種
- 見ごろ ● 6月～9月
- 場所 ● シンデレラ城横

Tokyo Disneyland 92

カイヅカイブキ ─ 貝塚伊吹

不気味で不思議な樹形のコニファー

日本原産のコニファーで潮風に強く、生け垣などによく利用されています。もとはスギのような葉をしたイブキを改良した品種で、葉はウロコ状で先端が丸く、光沢がある鮮やかな緑色で、冬も変色しません。生け垣では刈り込んで円錐形に仕立てられることが多いのですが、ホーンテッドマンション前のカイヅカイブキは、枝が伸びると火炎状になる性質を活かして、このアトラクションにピッタリな不気味な雰囲気を醸しています。これも植栽キャストの素晴らしい演出のひとつですね。

DATA
- 科名・属名●ヒノキ科 ビャクシン属
- 原産地●日本
- 見ごろ●通年
- 場 所●ホーンテッドマンション前

MAP ⓭

ルピナス ─ 昇り藤

春花壇で圧倒的な存在感を示すカラフルな花

1m近くにもなる雄大な花穂をつける植物で、その花の形や咲き方から日本では「昇り藤」とも呼ばれています。フジと同じマメ科の植物で、花の形も似ています。花色は、青、赤、ピンク、オレンジなどカラフルで、ファンタジーランドの春花壇では、圧倒的な存在感があります。北海道では野生化しているよう です。

DATA
- 科名・属名●マメ科 ルピナス属
- 原産地●地中海沿岸など
- 見ごろ●3月〜4月
- 場 所●プレジャーアイランド・キャンディーズ

MAP ⓮

キク 菊

鮮やかなキクのアートも登場

キクは東洋でもっとも古くからある観賞用植物で、品種改良によりさまざまな種類が開発され、今では世界中で1万種類以上の品種があるといわれています。ファンタジーランドでも秋になると、バラエティ豊かなキクが花壇を彩ります。また、日本に昔から伝わる「懸崖菊(がいぎく)」の手法を参考に、キクを使ったトピアリーのような楽しいアートも登場します。と、さまざまな形に造形されたアートなキクが楽しめます。春の花に負けない鮮やかさ

MAP 15

DATA
- 科名・属名 ● キク科キク属
- 原産地 ● 中国
- 見ごろ ● 10月〜11月
- 場所 ● クイーン・オブ・ハートのバンケットホール前など各所

Tokyo Disneyland 94

ビオラ 'ビビピンクアンティーク'

やさしい花色が冬の寒さを和らげてくれます

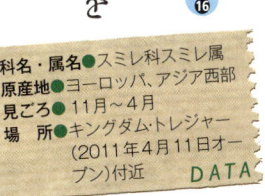

ビオラはパンジーと同じスミレ科スミレ属の植物です。盛んに品種改良が行われているため、ともにたくさんの種類が存在します。以前は「花径が4cm以上はパンジー」、「それ以下はビオラ」といった分類もされていましたが、いまは花径の大きなビオラも出回っていて、双方の境界は曖昧となっています。さて、パークの冬花壇の主役となるのはビオラ'ビビピンクアンティーク'。桃色の小さく繊細な花びらですが、寒さにとても強い品種です。

東京ディズニーランド●ファンタジーランド

DATA
科名・属名● スミレ科スミレ属
原産地● ヨーロッパ、アジア西部
見ごろ● 11月～4月
場 所● キングダム・トレジャー
（2011年4月11日オープン）付近

MAP 16

シデコブシ —— 四出辛夷

繊細な花が特徴のコブシの近縁種

3月から4月の春の開花時期には、葉に先立って白にや紅色をおびた花がたくさん咲き、目をひきます。「コブシ」の名がついていますが、花弁は細長く12～18枚もあって、コブシに比べると繊細な感じがします。その花の形が、星の形にも似ていることから、「スターマグノリア」とも呼ばれています。和名は神社で用いている玉串につけている紙製の飾り「四出」に似ていることに由来しています。

DATA
科名・属名● モクレン科モクレン属
原産地● 日本
見ごろ● 3月～4月
場 所● プーさんのハニーハント付近

MAP 17

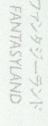

アドベンチャーランド

ADVENTURE LAND

ヤシやシダ類といった熱帯の植物が生い茂るエキゾチックなエリア。
ここにあるのはカリブ海、ジャングル、恐竜の棲む太古の世界……。
神秘と発見に満ちた冒険の世界に旅立とう。

ファンタジーランド FANTASYLAND
アドベンチャーランド ADVENTURELAND
ウエスタンランド WESTERNLAND
クリッターカントリー CRITTER COUNTRY
トゥーンタウン TOONTOWN
トゥモローランド TOMORROWLAND

Tokyo Disneyland

東京ディズニーランド●アドベンチャーランド

プルメリア 印度素馨(インドソケイ)

輝く太陽が似合う エキゾチックな花

春も終わりに近づくと、アドベンチャーランドではプルメリアがエキゾチックな花を咲かせます。白く厚い5枚の花びらが特徴で、ジャスミン系の甘くてとてもよい香りが漂ってきます。この花、ハワイでは「感謝」を意味するレイ（首飾り）やコサージュとしてもよく使われます。また、インドやバリ島では墓地や寺院に多く見られ、お供えにも使われることから、英名は「テンプル・ツリー」と呼ばれています。プルメリアの名は17世紀後半のシャルル・プリュミエというフランシスコ修道会の僧の名からつけられたもの。彼は植物学者でもあり、世界各地を訪れ、そこで出会った植物の詳細な絵を描いた人でもあります。

MAP ①

DATA
科名・属名●キョウチクトウ科 プルメリア属
原産地●プエルトリコ
見ごろ●5月〜9月
場所●スイスファミリー・ツリーハウスなど

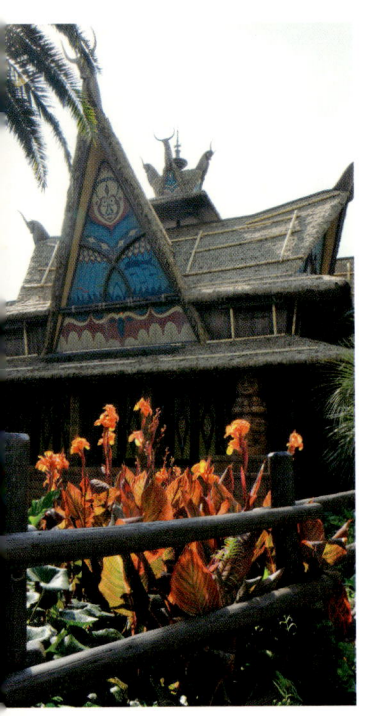

DATA
科名・属名●カンナ科カンナ属
原産地●熱帯アメリカ
見ごろ●7月～10月
場　所●魅惑のチキルーム：
　　　　スティッチ・プレゼンツ
　　　　"アロハ・エ・コモ・マイ!"付近

カンナ
オレンジ色の花と赤い葉が美しいトロピカルな植物

花言葉は「南の誘惑」。太陽の光をいっぱいに浴びて、めらめらと燃えるように咲くカンナは、いかにも夏らしい情熱的な花です。カンナには花を観賞する「ハナカンナ」と食用の「ショクヨウカンナ」(でん粉質の根茎を食す)があり、一般的に

カンナと呼ばれて観賞するのはハナカンナです。さまざまな品種があり、花色は赤や黄色・橙色など、葉色や草丈もバラエティに富んでいます。ここで紹介しているのは、赤い縦じまの葉が美しい'トロピカンナ'。存在感たっぷりの品種です。

Tokyo Disneyland　98

ツキヌキニンドウ

突貫忍冬、ハニーサックル

壁面を彩る色鮮やかなクライマー

アメリカ原産のつる性花木で、春から秋の長い期間、細い漏斗状の花を枝先にまとめて咲かせます。赤花の品種がポピュラーでよく見かけますが、オレンジ色やクリーム色、黄色の花を咲かせるものや、花後に大豆ほどの大きさの真っ赤な実をつける品種など、多くの園芸品種が存在します。和名の「突貫忍冬」は茎葉の真ん中から突き抜けているように見えるので「突貫」、常緑性で冬でも茎葉が枯れないので「忍冬」。つまり、植物の特徴をそのまま合体させた名前です。

東京ディズニーランド●アドベンチャーランド

DATA
- 科名・属名●スイカズラ科ロニセラ属
- 原産地●アメリカ
- 見ごろ●5月〜9月
- 場所●ブルーバイユー・レストラン前

99

ビワ 枇杷

初夏、すずなりになる実は鳥たちの大好物

MAP ❹

1000年以上も前から日本で育てられてきた歴史のある果樹ですが、最近では生産量が減り、高級な果物となっています。芳香を放つ白い花は11月ごろに咲き、半年以上をかけて少しずつ実を太らせていきます。メロンやバナナは収穫後も熟成（追熟）していきますが、ビワは収穫後どんなに置いても熟れることはありません。つまり時間がたつほど、どんどんと味が落ちていくのです。ですから、おいしいビワを食べたければ、採れたての新鮮なビワを買うことが大切です。

DATA
科名・属名●バラ科ビワ属
原産地●中国南西部
見ごろ●11月～2月(花)、5月～6月(実)
場　所●チャイナボイジャー付近

東京ディズニーランド●アドベンチャーランド

カラジューム 'レッド・フラッシュ'

夏の日差しに負けない赤と緑のユニークな葉

熱帯アメリカが原産地のサトイモの仲間です。薄手の大きなハート形をした葉を持ち、観葉植物として人気があります。アドベンチャーランドで見ることのできる'レッド・フラッシュ'は品種改良によって生まれた園芸品種で、葉の縁が濃い緑なのに対して、葉脈に沿って中心部が紅赤色なのが特徴です。緑と赤のコントラストが、夏の強い日差しに負けないくらいのインパクトを持っています。

DATA
科名・属名●サトイモ科 カラジューム属
原産地●熱帯アメリカ
見ごろ●6月～8月
場所●カフェ・オーリンズなど各所

MAP 5

シュロガヤツリ 棕櫚蚊帳釣

水質浄化能力の高い抽水性の常緑多年草

水辺に生える湿地性のカヤツリグサの仲間です。葉に似た苞葉がシュロのように見えるところから、このような名前がつけられました。アフリカのマダガスカル島原産ですが、耐寒性もあり、パークでは屋外でも越冬します。根には植物プランクトンの増殖を抑える物質が含まれていて、池や沼の浄化にも利用されています。よく知られている「パピルス」も近縁種です。

DATA
科名・属名●カヤツリグサ科 カヤツリグサ属
原産地●マダガスカル島
見ごろ●7月～10月
場所●魅惑のチキルーム：スティッチ・プレゼンツ"アロハ・エ・コモ・マイ！"付近

MAP 6

ナスタチウム 凌霄葉蓮、金蓮花
花も葉も食べられる艶やかなハーブ

黄色やオレンジといった鮮やかな花が特徴的で、春から秋の草花として人気があります。和名は「ノウゼンハレン」。これはノウゼンカズラに似た花と、蓮に似た葉を持つという意味。特有の香りと辛みを持っているため葉はハーブとして、また、花も食べられるため、エディブルフラワーとして利用されます。4月～6月ごろにかけて開花しますが、条件が整えば、秋から冬にかけても花を咲かせます。咲き方には一重、八重、さらに花びらが重なる万重咲きがあります。

DATA
- 科名・属名 ● ノウゼンハレン科 ノウゼンハレン属
- 原産地 ● 中南米
- 見ごろ ● 4月～6月(花)
- 場所 ● チャイナボイジャーなど名所

MAP ７

東京ディズニーランド●アドベンチャーランド

タブノキ
椨の木、犬楠（イヌグス）

パークNo.1の大きな木

照葉樹林の代表的樹種のひとつで、神社などで立派に育ったタブノキをよく見かけます。アドベンチャーランドのタブノキも大木で、カリブの海賊の前にあるものは、幹まわりが3.5m以上もあり、パークNo.1の太さを誇っています。植えつけたときはこれほど大きくはなかったのですが、開園以来、30年近い年月をかけて、この形、この大きさになりました。4月～6月に黄緑色であまり目立たない花を咲かせ、夏には黒い果実が熟します。樹皮は薬用に、樹液が染料に と、とても役に立つ植物です。

DATA
科名・属名●クスノキ科タブノキ属
原産地●日本、中国
見ごろ●通年
場所●カリブの海賊付近

MAP 8

科名・属名	●オシロイバナ科 ブーゲンビレア属
原産地	●中央アメリカ、南アメリカ
見ごろ	●5月〜7月
場　所	●サファリ・トレーディング・カンパニー

DATA

東京ディズニーランド●アドベンチャーランド

ブーゲンビレア
リゾートムードいっぱいの "情熱の花"

照葉筏葛（テリハイカダカズラ）

まぶしいほどの鮮やかな花色で、リゾートムードを盛り上げてくれるのがブーゲンビレアです。南アメリカ原産の熱帯植物で、花言葉は「情熱」。太陽に向かって色鮮やかに咲くさまは、まさに情熱そのものです。カラフルな花びらに見えるものは、花を取り巻く葉（包葉）で、3枚または6枚あります。名前は、この花を発見したフランス人探険家ルイ・ド・ブーガンヴィルにちなんでつけられたそうです。

MAP 9

ハイビスカス 仏桑花(ブッソウゲ)

南国のカラフルで情熱的な花

ハイビスカスはハワイの州花で、摘んでも花がなかなか萎れないので、レイにしたり、女性の耳に飾る習慣もあります。学名は「ヒビスカス」といい、エジプトの美の女神ヒビスを語源としているそうです。園芸種が5000種以上もあり、繊維や食用として利用される種類もあります。沖縄では「アカバナー」と呼ばれ、南部では死後の幸福を願って墓地に植樹する習慣もあります。毎日新しい花が咲くことから、花言葉は「新しい美」「新しい恋」とされています。

DATA
- 科名・属名●アオイ科フヨウ属
- 原産地●東アジア、ハワイ
- 見ごろ●6月〜9月
- 場所●ロイヤルストリート・ベランダ

MAP 10

Tokyo Disneyland 106

東京ディズニーランド●アドベンチャーランド

マンデビラ ディプラデニア
夏、バテ知らずの優れもの

初夏から秋までの長い期間にわたって、白や淡桃色の美しい花を咲かせ、アドベンチャーランドを鮮やかに演出しているのがマンデビラです。5m以上にもなる長いつると、5枚の花びらが作るラッパ形の花が特徴です。猛暑の続く日本の夏は、暑さが得意のはずの熱帯植物でさえ、お疲れモードになるのですが、マンデビラだけは夏バテ知らず。猛暑のなかでも次々と花を咲かせます。乾燥にも強く、とても丈夫な植物です。

DATA
科名・属名●キョウチクトウ科 マンデビラ属
原産地●中南米
見ごろ●7月〜8月
場　所●チャイナボイジャー付近

モンステラ 鳳莱蕉(ホウライショウ)

ユニークな葉はまさに"怪物"

深い切れ込みが入ったり、穴があいていたり、独特な形をした葉を持つモンステラ。名前の由来は、英語の「モンスター」からきているといわれています。「モンスター」はラテン語で「モンステラ」。不規則でワイルドな葉、エキゾチックなたたずまいを見ると、その由来も納得です。

茎は丸みを帯び、少し木質化していて、葉は暗緑色。花はサトイモ科特有の白色の仏炎苞(ぶつえんほう)に覆われた肉穂花序(にくすいかじょ)で、水芭蕉の花のような長楕円形をしています。

DATA
科名・属名●サトイモ科 モンステラ属
原産地●中央アメリカ
見ごろ●冬を除く通年
場所●スイスファミリー・ツリーハウス

MAP ⑫

フィロデンドロン・セロウム

ジャングルを連想させる気根と大きな葉っぱが魅力

スイスファミリー・ツリーハウスを探険すると、密林の中で手のひらを広げたような深い切れ込みのある大きな葉っぱを見つけることができます。

気です。常緑の多年草なのですが、パークでは戸外で越冬するものの、冬は葉を落とし、春にまた再生します。する姿は存在感があり、いかにも熱帯の植物といった雰囲気から気根をたくさん伸ばした

それがセロウムです。芋のような太い茎が立ちあがり、葉柄のつけ根あたりか

DATA
科名・属名●サトイモ科 フィロデンドロン属
原産地●ブラジル〜パラグアイ
見ごろ●通年
場所●スイスファミリー・ツリーハウス

MAP ⑬

Tokyo Disneyland 108

東京ディズニーランド●アドベンチャーランド

ヘディキウム 'エリザベス'
ジンジャー・リリー

さわやかな香りを放つ"朱い花"

ショウガの仲間で、江戸時代に香辛料として日本に伝わってから、観賞用に品種改良された植物です。ユリに似た白い花びらを持つものが一般的ですが、アドベンチャーランドで見ることのできるヘディキウムは、鮮やかな朱色の花びらを持つ品種です。笹に似た淡い緑の葉の合間から小さい花がまとまって咲く姿は異国情緒があり、夏にピッタリです。香りもよく香水の原料に使われるほどです。香りは夜になると、いっそう増してきます。

DATA
- 科名・属名●ショウガ科 ヘディキウム属
- 原産地●インド、マレーシア
- 見ごろ●6月〜9月
- 場所●ウエスタンランドのプラザパビリオン・バンドスタンド付近

MAP 14

109

ケンチャヤシ

トロピカル気分が味わえるスマートなヤシ

クリスタルパレス・レストランに入ると、大きなヤシが3本植栽されています。ケンチャヤシです。ここには開園以来、ユスラヤシが植えられていたのですが、ガラスの屋根を突き破るくらい大きくなって、数年前、ケンチャヤシに植え替えられました。しなやかに伸びる姿がとても優美なヤシで、緑色を帯びた幹が特徴です。温室のような明るい造りの店内は、イギリスのキュー植物園のシンボルとして有名な温室「パーム・ハウス」に似ています。

DATA
科名・属名●ヤシ科ホウエア属
原産地●オーストラリア
見ごろ●通年
場所●クリスタルパレス・レストラン

MAP 15

Tokyo Disneyland 110

東京ディズニーランド●アドベンチャーランド

タイサンボク　泰山木
巨大な花と強い芳香が特徴

パークで見られる樹木の中で、最大級の花の大きさを誇っているのがタイサンボクです。春から初夏にかけて、直径20cmを超える真っ白な花を咲かせます。

卵形の葉は厚くて硬く、表面は深緑色で光沢があり、裏側はフェルト地のような細かい毛が生えているのが特徴です。花はシトラス系のさわやかな香りがあり、有名な香水にも使われています。大きな木ですが、木の下のほうで咲いている花もあるので、ぜひ、ご自分の鼻で香りを確かめてみてください。

DATA
科名・属名●モクレン科モクレン属
原産地●北アメリカ
見ごろ●5月～7月
場　所●ル・マルシェ・ブルー付近

MAP 16

111

アメリカデイゴ 亜米利加梯梧

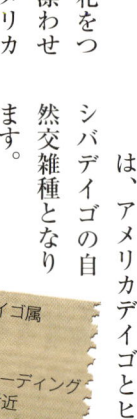

MAP ⑰

この花がたくさん咲く年は台風の当たり年です

夏、枝先に鮮紅色の花をつけ、熱帯的な雰囲気を漂わせているのがアメリカデイゴです。関東以西の暖地では、庭木や街路樹として植栽されていることも多く、鹿児島県の県木にもなっています。花は5cmくらいの蝶のような形で食用にもなり、原産地ではサラダや煮物にするそうです。花が終わると豆果という長い鞘ができ、秋に熟します。なお、アドベンチャーランドに植栽されているものは、アメリカデイゴとヒシバデイゴの自然交雑種となります。

DATA
- 科名・属名 ● マメ科デイゴ属
- 原産地 ● ブラジル
- 見ごろ ● 6月〜9月
- 場所 ● サファリ・トレーディング・カンパニー付近

東京ディズニーランド●アドベンチャーランド

タラヨウ

多羅葉、葉書の木、モンツキシバ

文字が浮き出る不思議な植物

モチノキ科に属する常緑の高木で、葉書の木」とも呼ばれます。5月に前年伸びた枝についた葉のつけ根から緑黄色の小さな花をたくさん咲かせます。雌株と雄株があり、雌株は花後に直径7mm～8mmほどの実をつけ、秋になると真っ赤に熟します。葉の裏に尖ったもので字を書くと、やがて黒く浮き上がります。この性質が、古代インドで経文を書くときに使われた「タラジュ（多羅樹）」に似ていることから、「タラヨウ（多羅葉）」という和名がつき、「葉書」の語源になったともいわれます。

MAP 18

DATA
科名・属名●モチノキ科 モチノキ属
原産地●日本、中国
見ごろ●通年
場所●プラザ横

クワズイモ
サトイモの仲間ですが食べられません
食わず芋、アロカシア

太い茎に青々とした大きな葉を持つクワズイモは、そのユニークな姿から、とても人気の高い植物です。いちばんの特徴はツヤツヤの大きなハート形の葉で、昔から"カエルの傘"として絵画にもなってきました。成長したクワズイモの中には、高さ2mを超える大きなものもあり、カエルどころか小さな子どもでも隠れることができるかもしれません。パーク内でクワズイモを見かけたら、その大きな傘を確かめてみてください。

DATA
- 科名・属名●サトイモ科アロカシア属
- 原産地●日本南部、インド
- 見ごろ●冬を除く通年
- 場所●魅惑のチキルーム：スティッチ・プレゼンツ"アロハ・エ・コモ・マイ！"付近

MAP 19

Tokyo Disneyland

ツワブキ 石蕗

キャラブキの原料はこの植物です

10月から1月にかけてタンポポのような黄色の花を咲かせ、アドベンチャーランドの冬花壇を彩ります。ツワブキは鉢に見合った大きさになる特性があり、小さい鉢に植えれば、ミニチュアの観葉植物として育てることもできます。食材としても親しまれていて、「キャラブキ」は主にツワブキの葉や茎で作られます。また、東京ディズニーシーには黄色い斑の入った「星斑ツワブキ」、葉がくしゃくしゃになった「シシバツワブキ」も植わっています。ぜひ、いろんな種類のツワブキを探してみてください。

DATA
科名・属名●キク科ツワブキ属
原産地●日本、台湾、中国
見ごろ●10月～1月
場　所●魅惑のチキルーム:スティッチ・プレゼンツ"アロハ・エ・コモ・マイ！"付近

カラテア・ゼブリナ

ゼブラ模様の斑が入るカラテア属の最大種

熱帯アメリカに約100種類ある常緑の多年草で、アドベンチャーランドで見ることができるカラテア・ゼブリナは、葉にシマウマのような模様があることから、ゼブラプラントと呼ばれることもあります。生長すると草丈は1mほどになり、カラテア属の中では最大種といわれています。南国の植物特有のエキゾチックな雰囲気があるので、アドベンチャーランドの世界観にピッタリです。

DATA
- 科名・属名 ● クズウコン科カラテア属
- 原産地 ● 熱帯アメリカ
- 見ごろ ● 6月～10月
- 場所 ● スクウィーザーズ・トロピカル・ジュースバー付近

MAP ㉑

モッコク　木斛

リンゴのような赤い実は小鳥たちの大好物です

モッコクは海岸に近い山地に生え、高さ15mほどにもなる常緑高木です。初夏にかけて小さな白い花を咲かせ、9月から10月にかけて、朱色のまん丸な実を枝先につけます。高くて大きい樹木に、深い緑の葉と鮮やかな赤色の実のアクセントが美しく、アドベンチャーランドでもひときわ目立つ存在です。小さなリンゴのような赤い実は小鳥たちの大好物で、実が熟すると、たくさんの小鳥たちがやってきて、実をついばんでいます。

DATA
- 科名・属名 ● ツバキ科モッコク属
- 原産地 ● 日本、アジア南西部
- 見ごろ ● 通年
- 場所 ● クリスタルパレス・レストラン横

MAP ㉒

Tokyo Disneyland

東京ディズニーランド●コラム

COLUMN

現在
(2011年)

ジャングルの熱帯植物は
いまも成長を続けています

15年目
(1998年)

5年目
(1988年)

開園時
(1983年)

東京ディズニーランドは、今年で開園28周年を迎えます。その間、植物は年を追うごとに成長し、今では開園当時の数倍の緑量を誇るまでになりました。たとえば、ジャングルクルーズの鬱蒼としたジャングルを開園当初と比べてみましょう。ヤシやバンブーやシダといったジャングルを演出している熱帯植物も、開園時にくらべると年を追うごとに大きさや密度を増して、よりいっそうエキゾチックでトロピカルな雰囲気を醸していることがわかります。成長を続ける緑のランドスケープには"完成"という言葉はないのですね。

こちらはジャングルの原住民サム。開園当時とは違って、今ではバナナを売るセールスマンです

COLUMN

東京ディズニーリゾートへ
お花見に出かけてみませんか!?

満開のオオシマザクラのトンネル

point 1 ソメイヨシノとオオシマザクラの
お花見ポイント

　意外に思われるかもしれませんが、東京ディズニーリゾートには桜の木もたくさん植えられています。よく知られているのが東京ディズニーランドのワールドバザールを抜けた左右にあるソメイヨシノです。とくに左側にある木は植栽されてから20年以上もたつ古株で、春になると毎年たくさんの花を咲かせて、ゲストを迎えてくれます。
　一方、東京ディズニーシーのピクニックエリアには、オオシマザクラの美しい並木道があります。こちらはソメイヨシノより少し遅れて、新緑の葉と同時に純白の花を咲かせます。白い花と緑の葉のコントラストは美しく、とても上品なイメージです。ちなみに桜餅を包む葉っぱは、この桜の葉を塩漬けにしたものです。

Tokyo Disneyland

東京ディズニーランド●コラム

ワールドバザール前にあるパークでいちばん大きなソメイヨシノ

point 2 パークのお花見の穴場はこちら！？

　パークのサクラはソメイヨシノやオオシマザクラだけではありません。メディテレーニアンハーバーの水道橋付近やトゥーンタウンには2月中旬に見ごろを迎えるカワヅザクラ、メディテレーニアンハーバーのリストランテ・ディ・カナレット付近には遅咲き（4月下旬ごろ）で八重咲きのアマノガワがあります。つまり、2月から4月いっぱいまで、さまざまなサクラが楽しめるのが、パークの魅力なのです。

　最後にひとつ、とっておきのお花見の穴場を紹介しておきましょう。それはトゥモローランドのグランドサーキット・レースウェイです。700mにも及ぶサーキットの外周には、ソメイヨシノ以外にも、八重咲きのヨウキヒザクラやコヒガンザクラなど、15種類ものサクラが植栽されています。ここでは春ともなれば、レーシングカーに乗りながらお花見を楽しめるというわけです。桜吹雪の中のレーシング体験は、それはもう感動的です。

トゥモローランドにある純白・八重咲きのシロタエザクラ

Tokyo Disneyland　120

東京ディズニーランド●コラム

メディテレーニアンハーバーの水道橋付近のカワヅザクラ

WESTERNLAND

ウエスタンランド

西部開拓時代のワイオミング州やユタ州が舞台です。
ウエスタンリバー鉄道が通り抜けるマツや広葉樹の林、
蒸気船が行き交うアメリカ河の河畔には水生植物もいっぱい。
開拓時代の雄大な自然が楽しめます。

ブラシノキ 金宝樹、カリステモン

発芽の仕組みも面白い 真っ赤なブラシ

コップを洗うブラシにそっくりな花が咲く植物です。真っ赤なブラシのように見えるのは、雄しべと雌しべです。5月から6月ごろ、枝先に10cmほどの穂状の花序をつけます。花のあとにつく実は、7年～8年は落ちることなく発芽能力を持ち続けます。この木は乾燥地帯が原産地のため、山火事のときにいっきに実が開いて、中の細かい種子が飛ぶ仕組みになっているのです。さらになった土地ですばやく芽を出して、その土地一帯の優占種になるのが狙いです。

DATA
- 科名・属名●フトモモ科ブラシノキ属
- 原産地●オーストラリア
- 見ごろ●5月～6月
- 場所●ペコスビル・カフェ前など

MAP ①

科名・属名●	サボテン科ケレウス属
原産地●	ブラジル、ウルグアイ
見ごろ●	通年
場　所●	ビッグサンダー・マウンテン前

DATA

ハシラサボテン 'キメンカク'

柱仙人掌 '鬼面角'

月光を浴びて咲く
幻想的な白い花

ハシラサボテンはたくさんの種類がある柱形のサボテンの総称です。ウエスタンランドで見られるハシラサボテンは、端正な形や整然と生えたトゲが特徴の'キメンカク'という園芸品種です。成長が早く、草丈が5mに達することもあります。大きくなると6月ごろから夏にかけて大輪の花をつけます。花は夜になってから開花し、朝方に萎みます。月光を受けて咲く白色の花はとても幻想的な美しさです。満開になると、周囲にはよい香りが立ちこめます。

ハシラサボテン
'ガンセキジシ'

柱仙人掌・'岩石獅子'

ゴツゴツした岩の塊のようなサボテン

ビッグサンダー・マウンテンの入り口近くに岩の塊のような異様な姿をしたなんとも奇妙なサボテンがあります。'ガンセキジシ'です。岩山を鉱山列車で駆け抜けるアトラクションに、名前も形もこれほどピッタリくる植物はありません。'キメンカク'の突然変異種で、成長点が異常になって、奇妙な姿になるのを観賞する珍しいサボテンです。

DATA
- 科名・属名●サボテン科 ケレウス属
- 原産地●ブラジル、ウルグアイ
- 見ごろ●通年
- 場所●ビッグサンダー・マウンテン入り口

Tokyo Disneyland 126

東京ディズニーランド●ウエスタンランド

アオノリュウゼツラン 青の竜舌蘭

2010年、巨大な花が咲きました

アロエのお化けのような植物です。葉が長く、分厚くて、先が尖り、縁には刺があります。漢字では「青の竜舌蘭」と書きます。もし竜が実在したら、舌はこんな感じかもしれません。

また、英語で「Century Plant」と呼ぶのは、開花まで100年かかり、一度咲くと枯れてしまうからといわれています。じつはウエスタンランドのアオノリュウゼツランが2010年に、はじめて開花したのです。花茎は10mほどもあります。すごいでしょ。今度咲くのはいつになるのでしょうね。

DATA
科名・属名●リュウゼツラン科 リュウゼツラン属
原産地●メキシコ
見ごろ●花は数十年に一度咲く
場 所●ウエスタンリバー鉄道沿線

COLUMN

トムソーヤ島は植物の宝庫です

point 1 カヌーに乗って水辺の植物を観察してみよう

　アメリカ河にあるトムソーヤ島は、マーク・トウェインの小説をモチーフにした島です。この島には丸太のいかだでしか渡ることができません。そのため、ありのままの自然が残された希少な場所でもあるのです。いかだで島に渡り、山道を探険するような気分で植物を観察するのも楽しいのですが、ここではアメリカ河を1周する2つのアトラクションに乗って、いろいろな目線で植物観察することをオススメします。

　まずは、ビーバーブラザーズのカヌー探険。これはカヌーを漕ぎながらトムソーヤ島を1周する探険ツアーです。みんなで力を合わせてアメリカ河を漕ぎ進んでいくと、春には河岸に群生するキショウブやハマナスが、いつもと違う低い目線で観察できるし、秋から冬にかけてはピンクの小花をたくさんつけるギョリュウバイも見事です。でも、美しい花に見とれて、カヌーを漕ぐのを忘れないでくださいね。

春、アメリカ河の河岸を覆うキショウブ

Tokyo Disneyland　128

東京ディズニーランド●コラム

point 2 蒸気船マークトウェイン号で
植物を俯瞰してみよう

　トムソーヤ島周遊のもうひとつのオススメは、蒸気船マークトウェイン号です。これは「水上の宮殿」と呼ばれていた真っ白な外輪船で、優雅にアメリカ河を1周するアトラクションです。マークトウェイン号は、ボイラー室や機関室のある1階のメインデッキや、のどかな船旅を満喫できる2階のプロムナードデッキも素晴らしいのですが、ここでのオススメは3階のテキサスデッキの右舷側です。

　ここに立つと、荒涼としたウエスタンランドの大パノラマが楽しめるだけでなく、右舷に見えるトムソーヤ島の植物たちを俯瞰することができるのです。6月の新緑や11月の紅葉の素晴らしいこと……。植物を上から観察する機会はあまりないので、ワクワクしてしまいます。船は河岸ぎりぎりに航行するので、河に張りだした梢や木の実に手が届きそうなほど。植物好きには感動的な船旅になること請け合いです。

新緑のネムノキ

ブラシノキ

クロマツの松ぼっくり

Tokyo Disneyland 130

東京ディズニーランド●コラム

レンギョウが美しい春のアメリカ河と蒸気船マークトウェイン号

CRITTER
COUNTRY

クリッターカントリー

アメリカ河のほとりに広がるクリッターたちの平和な郷。
森の中のクリッターたちの住み家や、お店のまわりには、
いつも可憐な花が咲いています。

マンサク

満作、万作

春を告げる黄色いリボン状の花

クリッターカントリーに真っ先に春を告げてくれるのがマンサクの花です。冬枯れの木立に黄色のねじれた紐のような花をたくさん咲かせ、とても目立ちます。名前は山でいちばん早く咲くことから「まず咲く」が転じて「マンサク」になったという説と、春先に多数の花をつけることから「豊年満作」を象徴するものとして名づけられたとの説もあります。花後に硬くて黒い種子を2個ずつつけます。

DATA
科名・属名●マンサク科マンサク属
原産地●日本
見ごろ●2月～3月
場　所●スプラッシュダウン・フォト裏

MAP ①

ホルトノキ

クリッターカントリーの
シンボル的存在

ホルトノキは常緑の植物ですが、古い葉は赤く紅葉します。そのため、一年を通していつでもどこか赤く色づいている葉があるのが特徴です。大きくなると30mもの高さになる木で、冬になると指先ほどの黒い実をつけます。クリッターカントリーの入り口にあるホルトノキは、樹高推定11m。東京ディズニーランドで、もっとも大きな木のひとつです。

DATA
- 科名・属名 ● ホルトノキ科 ホルトノキ属
- 原産地 ● 日本、台湾
- 見ごろ ● 通年
- 場 所 ● クリッターカントリー入り口

ユキヤナギ 雪柳、小米花（コゴメバナ）

しなやかな枝に咲く雪のように白い花

MAP ③

日本では古くから庭木や生け花に利用されている馴染みの深い落葉性の花木です。細くてしなやかな枝が、地際からたくさん伸びて、満開になると株全体が真っ白い花に覆われます。日本原産で性質は強健。とても育てやすいので、公園や緑道の植栽にもよく利用されています。ユキヤナギの名は、白い小さな花が雪に、葉がヤナギに似ているところから、この名前がつきました。地方によっては花を米に見立て「小米花」（コゴメバナ）と呼ぶところもあるようです。

DATA
科名・属名 ● バラ科シモツケ属
原産地 ● 日本、中国
見ごろ ● 3月〜4月
場所 ● ビーバーブラザーズのカヌー探険

ヤブデマリ 藪手毬

美しい装飾花が昆虫をおびき寄せます

ユキノシタ科のガクアジサイによく似ていますが、まったく違う植物です。花のように見えるのは萼が変形した装飾花で、これは本物の花（花序）が小さくて目立たないので、その周囲で美しく目立つことで、花の代わりに昆虫をおびき寄せる役割を持っているそうです。果実は長さ5mm〜7mmの楕円形で、花序の枝とともに赤くなり、完全に熟すと黒くなります。ヤブデマリの名は藪に生え、花を手毬に見立ててこの名がついたそうです。

MAP ④

DATA
科名・属名 ● スイカズラ科ガマズミ属
原産地 ● 日本
見ごろ ● 5月〜6月
場所 ● クリッターカントリー各所

トウカエデ｜唐楓・花散里・ハナチルサト

七色に変わる葉が美しい落葉高木

トウカエデ改良品種で春の芽出しのころ、花びらと見まごうほどの白い薄葉を繁らせます。その葉は夏には光沢のある暗緑色となり、秋は、赤、橙、紅色と彩り豊かな紅葉に変化していきます。「メイプルレインボー」という別名を持つだけあって、季節をめぐって葉色は何度も変わっていくのが特徴です。強健種なので、庭木にも最適です。

DATA
- 科名・属名●カエデ科カエデ属
- 原産地●中国東南部
- 見ごろ●4月〜5月
- 場　所●ウエスタンリバー鉄道トンネル出口付近

MAP 5

Tokyo Disneyland

東京ディズニーランド●クリッターカントリー

ラズベリー 'グレンアンプル'
西洋木苺(セイヨウキイチゴ)

実の大きさは普通のラズベリーの1.5倍！

ラズベリー特有の刺がない品種で、夏になると500円玉くらいの大きな実が、たわわに実ります。甘み・酸味とも強く、生食はもちろん、ジャムやお菓子の材料として、メリハリのあるおいしさが楽しめます。ラズベリーには、年1回実をつける一季なり種と2回実をつける二季なり種がありますが、'グレンアンプル'は一季なりです。光を好む植物なので、日当たりが悪いとおいしい実がならないようです。

科名・属名●バラ科キイチゴ属
原産地●北アメリカ
見ごろ●7月〜8月
場所●グランマ・サラのキッチン
DATA

MAP ❻

テイカカズラ
定家葛

香りがあるスクリューのような形をした花

日本の山野に自生するつる性の花木です。茎はつる状でやピンクの花を咲かせます。2cmほどの白細長く伸び、そのままでは直立することができませんが、茎のところどころから付着根を出し、それを木の幹や岩などに貼りつけて這い登っていきます。初夏になると、直径テイカとは歌人の藤原定家のことで、愛する人を忘れられず、カズラに変わってその人の墓に絡みついたという話にちなみます。

科名・属名●キョウチクトウ科テイカカズラ属
原産地●日本、朝鮮半島
見ごろ●5月〜6月
場所●ウエスタンリバー鉄道トンネル出口付近
DATA

MAP ❼

137

プルンバゴ

瑠璃茉莉(ルリマツリ)

真夏に咲くブルーの花が
なんとも涼しげ

8月の猛暑続きの中でも、クリッターカントリーで涼しげな顔をして咲いているのがプルンバゴです。和名の「瑠璃茉莉(ルリマツリ)」とは、淡い瑠璃色の花が「茉莉花(ジャスミン)」に似ていることから、名づけられたようです。朝顔みたいな小さな蕾が、ほどけるように咲いていく姿はなんともいえない美しさです。花が粘性のある萼に覆われているので、触るとネバネバの花殻がくっつきます。

DATA
- 科名・属名 ● イソマツ科 プルンバゴ属
- 原産地 ● 南アフリカ
- 見ごろ ● 7月〜9月
- 場所 ● グランマ・サラのキッチン前など

MAP 8

Tokyo Disneyland 138

東京ディズニーランド●クリッターカントリー

ピラカンサ
常磐山査子(トキワサンザシ)

晩秋から冬に実が燃えるように真っ赤に熟します

花が終わった秋から冬に、枝がたわむほどの真っ赤な実をたくさんつけます。英名は「Firethorn」。Fire（ファイヤー）は炎、thorn（ソーン）は刺なので、真っ赤な実が樹木全体を覆い、燃え立つように見える刺のある木ということなのでしょうか。果実は鳥の好物でもあり、実のなる季節はこの木のまわりでバードウォッチングを楽しむゲストも見られます。枝の伸びる勢いが強いので、刈り込んで生け垣やトピアリーにすることもできます。

MAP 9

DATA
科名・属名●バラ科トキワサンザシ（ピラカンサ属）
原産地●中国、ヨーロッパ南部
見ごろ●4月〜6月(花)、10月〜12月(実)
場 所●クリッターカントリー入り口

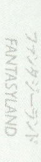

トゥーンタウン

ここはミッキーをはじめ、ディズニーアニメーションで
お馴染みのキャラクターたちが暮らす街。
グーフィーの畑やミニーの花壇には、
四季を通じてさまざまな花が咲き、
個性の強い植物たちが、
賑やかなセッションを繰り広げています。

TOONTOWN

Tokyo Disneyland

ニシキモクレン

錦木蓮、更紗木蓮(サラサモクレン)

蕾が北を向くコンパスプランツ

モクレンとハクモクレンを掛け合わせて作出されたもので、花弁の外側が紫紅色、内側が白い花を咲かせます。花は春に葉に先立って咲き、ハクモクレンより少し遅い開花です。

更紗木蓮とも呼ばれ、公園樹、庭園樹として広く植栽されています。モクレンの仲間はコンパスプランツで、花の蕾はどれも北を向きます。トゥーンタウンで蕾を見つけたら北の方向を確認してくださいね。

DATA
- 科名・属名●モクレン科 モクレン属
- 原産地●北アメリカ
- 見ごろ●3月~4月
- 場所●トゥーンパーク

MAP ❶

東京ディズニーランド●トゥーンタウン

タマスダレ　玉簾、レイン・リリー

雨のあとに咲く純白の清楚な花

黄色い雄しべと白い花びらと明るい緑色の葉のコントラストが美しい植物でん。

やすい性質があるそうです。葉がニラやノビルに似ていますが、こちらは食べられません。

実際、開花期間に土の中の球根が雨で湿らされると、花が咲きり、「レイン・リリー」という別名もあります。

す。花期も長く、花壇の縁取りやグラウンドカバーとしてよく利用されます。雨が降った翌日にパッと花が咲くような印象があ

DATA
科名・属名●ヒガンバナ科ゼフィランサス属
原産地●南米
見ごろ●6月〜10月
場　所●ヒューイ・デューイ・ルーイのグッドタイム・カフェ横

MAP ②

ビグノニア　カレーバイン、釣鐘葛

カレーの香りがするおいしそうなつる性植物

湿り気のある森林に自生するつる性の花木です。つるはぐんぐん伸びて巻きひげを出し、ほかの樹木に絡みついたり、茎にある吸着根で壁にくっついてよじ

登っていきます。花はラッパ形で外側が赤褐色、内側が暗めの黄色で、カレーのような香りがあります。その花色と香りか

ら「カレーバイン（バインは"つる"の意）」とも呼ばれます。和名はラッパ形の花がぶら下がるように咲くところから「釣鐘葛」といいます。満開時はつるにびっしりと花が咲き、壮観です。

DATA
科名・属名●ノウゼンカズラ科ビグノニア属
原産地●北アメリカ
見ごろ●4月〜5月
場　所●ミニーの家横

MAP ③

Tokyo Disneyland　142

東京ディズニーランド●トゥーンタウン

スモークツリー
カスミノキ、ハグマノキ

煙のようなふわふわの花穂をつける、不思議な木

MAP ④

薄紫色の小さな花を咲かせますが、この花自体はあまり目立ちません。花の散ったあとに残る花柄に、ふわふわとした毛のようなものがたくさん伸びて、その部分が離れて見ると煙のように見えるので、この名前がつけられました。花色は品種によって緑、白、茶、赤などもあり、秋には実もつけます。霞のようにも見えるので、「カスミノキ」

ともいいます。また、和名の「ハグマノキ」は白熊（ハグマ）（動物のヤクの別名）の尻尾の毛に似ていることからつけられたものです。なんとも不思議な姿をした樹木です。

DATA
科名・属名●ウルシ科コティヌス属
原産地●南ヨーロッパ、ヒマラヤ〜中国
見ごろ●5月〜7月
場　所●トゥーンパーク付近

マツバボタン

松葉牡丹、日照草（ヒデリソウ）

乾燥にも負けず、強い日差しを浴びて咲く"日照草"

マツバボタンの特徴は、鮮やかな花姿だけではなく不思議な性質にもあります。この花は強い日差しを好むため、たくさんの日光に当たらないと花が咲きません。つまり、雨の日には咲かないんです。このことから「日照草」の異名を持つほどです。トゥーンタウンの花壇でも、夏の暑い日差しに向かうように、たくさんの花が咲き誇っています。

ちなみに名前は花は牡丹、葉は松葉に似ていることから"松葉牡丹"。単純ですね。

MAP ⑤

DATA
- 科名・属名 ● スベリヒユ科 スベリヒユ属
- 原産地 ● ブラジル、アルゼンチン
- 見ごろ ● 7月～9月
- 場所 ● トゥーンタウン入り口付近

Tokyo Disneyland 144

東京ディズニーランド●トゥーンタウン

ハボタン

葉牡丹、花キャベツ

菜の花の仲間で、冬花壇の主役

MAP ❻

「花キャベツ」という別名もあり、葉がキャベツにそっくりなハボタン。江戸時代に伝わったのち、観葉植物として品種改良が行われ、現在ではさまざまな種類があります。幾重にも重なった鮮やかな色を持つ葉が、牡丹の花のように美しいことから、葉牡丹と名づけられました。ミニーの家では葉が中心に向かって紅色に染まっていく'初紅'という品種も見られます。ハボタンは菜の花の仲間なので、そのまま植えておくと春に菜の花と同じ黄色い花を咲かせます。

```
科名・属名●アブラナ科
          アブラナ属
原産地●地中海沿岸
見ごろ●11月～3月
場 所●ミニーの家付近
              DATA
```

TOMORROW
LAND

トゥモローランド

ここは最新テクノロジーが集結した未来空間。
直線的に刈り込まれた生け垣や、
青や黄色で幾何学的に植えられた花壇など、
植栽も未来的なイメージを演出しています。

ファンタジーランド FANTASYLAND
アドベンチャーランド ADVENTURELAND
ウエスタンランド WESTERNLAND
クリッターカントリー CRITTER COUNTRY
トゥーンタウン TOONTOWN
トゥモローランド TOMORROWLAND

Tokyo Disneyland

科名・属名	モクセイ科ヒトツバタゴ属
原産地	日本、台湾
見ごろ	4月〜5月
場所	トゥモローランド・テラス付近など

DATA

ヒトツバタゴ ナンジャモンジャ

雪のような白い花が幻想的

ヒトツバタゴは、一般には「ナンジャモンジャ」とも呼ばれるモクセイ科の落葉樹で、5月ごろ、雪のような白い花を樹冠いっぱいに咲かせます。シンデレラ城を背景に咲き誇る姿は幻想的で、毎年、この花が咲くのを楽しみに来園されるゲストもいるほどです。植物学的には極端な隔離分布をする植物として有名で、日本では九州・対馬に少数が自生するほか、愛知、岐阜、静岡などにも自生しているようです。不思議な分布ですね。

MAP ①

ゼラニウム 天竺葵（テンジクアオイ）

花期が長い可憐な花が欧米でも人気

丈夫で手入れが簡単で長く咲き続けるので、パークの植栽にもよく使われる植物です。「花ゼラニウム」「ニオイゼラニウム」に大別され、南アフリカを中心に約280種が分布し、たくさんの園芸品種が作り出されています。欧米では「魔よけ」「厄よけ」効果があるとされ、窓辺に飾る花の定番です。防虫効果があり、夏になると園芸店ではローズゼラニウム（葉の香りがバラに似ている）が「蚊れん草」の名で売られています。

DATA
- 科名・属名●フウロソウ科 テンジクアオイ属
- 原産地●南アフリカ
- 見ごろ●4月〜11月
- 場　所●プラザ・レストラン

ケラマツツジ 慶良間躑躅

南国育ちの情熱的な真っ赤なツツジ

ケラマツツジという名は、生育地のひとつである慶良間諸島にちなんでつけられました。常緑で大輪の一重の真っ赤な花を咲かせる南国の情熱的なツツジです。乾燥した山地や川岸に自生し、岩の隙間から美しい花を咲かせる姿は、慶良間諸島の名物のひとつですが、近年は数が減ってきているようです。暖かい地方の原産なので生育は早く、西日本の公園などでは大株に育ったものをよく見かけますが、耐寒性は弱いので北日本での生育は難しいでしょう。

DATA
- 科名・属名●ツツジ科ツツジ属
- 原産地●慶良間諸島、沖縄
- 見ごろ●4月〜5月
- 場　所●トゥモローランド・テラス付近

Tokyo Disneyland

東京ディズニーランド●トゥモローランド

サルスベリ｜百日紅(ヒャクジッコウ)

真夏の日差しを楽しむように咲く鮮やかな花

幹がつるつるしていて、猿も滑り落ちてしまうからサルスベリ。夏の間、次々と花を咲かせ、開花期間が長いので「百日紅(ヒャクジッコウ)」の別名もあります。花びらの縁がフリル状になり、花色は紅やピンクのほかに、白もあります。葉のつき方が面白く、2対互生、または対生です。互生とは枝に葉が1枚右側についたら、次に左側に1枚つきますが、2対互生の場合は2枚の葉が右側についていたら、今度は左側に2枚の葉がつくという、珍しいつき方をします。

科名・属名●ミソハギ科 サルスベリ属
原産地●中国南部
見ごろ●7月〜9月
場 所●グランドサーキット・レースウェイ
DATA

シモツケ｜下野

初夏を彩る紅色の小花

日本から中国にかけて分布する落葉性の低木です。シモツケという名前は下野国(しもつけのくに)(現在の栃木県)ではじめて見つけられたことに由来します。学名は「スピラエア・ヤポニカ」といい、ヤポニカとは「日本産の」という意味です。地際からたくさんの枝を出して広がり、春から初夏にかけて淡い紅色の小花をたくさん咲かせます。ちなみに、よく知られているコデマリやユキヤナギもシモツケの仲間です。

科名・属名●バラ科 シモツケ属
原産地●日本、中国
見ごろ●5月〜7月
場 所●グランドサーキット・レースウェイ
DATA

カシワバアジサイ　柏葉紫陽花

夏と秋、両方で楽しめる大型のアジサイ

夏を迎えるトゥモローランドの水辺で、白く美しい花を涼しげに咲かせるのがカシワバアジサイです。原産地は北アメリカで、日本のアジサイよりも一つ一つの花びらが大きく、豪華な印象があります。この花の魅力は、大きな白い花びらとともうひとつ、薄緑の葉にあります。切れ込みのある大きな葉が、柏の葉に似ていることからその名がつけられたそうです。また、薄緑の葉は、秋になると鮮やかに紅葉します。夏と秋、どちらも季節に合わせた美しさを演出してくれます。

DATA
- 科名・属名●ユキノシタ科　アジサイ属
- 原産地●北アメリカ
- 見ごろ●6月〜7月
- 場所●トゥモローランド・テラス付近

MAP ❻

オキシデンドラム・アーボレウム

紅葉の美しさは特筆ものです

アメリカ南東部原産の高さ20mにもなる耐寒性落葉高木です。ニッサ（ミズキ科）、ニシキギ（ニシキギ科）とともに、世界三大紅葉樹とされるほどで、秋の紅葉はひときわ美しいものがあります。花、種、紅葉と、それぞれの美しい姿が楽しめます。

DATA
- 科名・属名●ツツジ科　オキシデンドラム属
- 原産地●アメリカ南東部
- 見ごろ●7月〜8月
- 場所●グランドサーキット・レースウェイ

MAP ❼

Tokyo Disneyland

東京ディズニーランド●トゥモローランド

スイセン 水仙、ナルシサス
美少年はナルシスト

11月ごろ、房状に咲くニホンズイセンと、3月ごろにひとつの茎に大きな花を咲かせるラッパズイセンの2系統に大別することができます。たくさんの品種があり、花の色は黄系統か、白系統が多く、ラッパズイセン系には、2色咲きもあります。学名でもある英名「ナルシサス」は泉に映った自分の姿に恋をして、いつの間にか1本の花になってしまったギリシャ神話に出てくる美少年の名前です。つまり、「ナルシスト」の由来となった花がスイセンなのです。

MAP ⑧

DATA
科名・属名●ヒガンバナ科スイセン属
原産地●ヨーロッパ、トルコ
見ごろ●11月～3月
場所●グランドサーキット・レースウェイ

ロストリバーデルタ拡大図

メディテレーニアンハーバー Ⓐ

1. コブシ
2. アキグミ
3. アメリカハナズオウ
4. プラタナス
5. フジ
6. オリーブ
7. ダイダイ
8. アーティチョーク
9. レモン
10. センニチコウ
11. アマランサス・トリカラー
12. ゲッケイジュ

アメリカンウォーターフロント Ⓑ

1. ハマカンゾウ
2. メコノプシス
3. エーデルワイス
4. ユリオプスデージー
5. ミレット
6. ジニア
7. ユリ
8. イッサイサルスベリ
9. ツルバギア
10. マーガレット

ロストリバーデルタ Ⓒ

1. アコウ
2. キングプロテア
3. ルッセリア
4. ミッキーマウスツリー
5. ウツボカズラ
6. カラタネオガタマ
7. シャクナゲモドキ
8. チャンチン
9. キリ
10. ピンクバナナ
11. キダチベゴニア
12. ウラムラサキ
13. シーグレープ
14. ムサシアブミ
15. ギョボク
16. サンユウカ
17. タイワンモクゲンジ
18. ムラサキナツフジ
19. キバナキョウチクトウ
20. パパイヤ
21. ミラクルフルーツ
22. アンスリウム
23. パイナップル
24. ビカクシダ
25. チランジア
26. カミヤツデ
27. オンシジウム
28. ランタナ
29. エピデンドラム
30. クロガネモチ
31. ザクロ
32. ホトトギス
33. フウトウカズラ
34. キダチアロエ
35. ベニバナミツマタ

マーメードラグーン Ⓓ

1. ムベ
2. トケイソウ
3. アジサイ
4. ハマユウ
5. エオニウム
6. カラー
7. シコンノボタン

アラビアンコースト Ⓔ

1. ストレリチア
2. コガネノウゼン
3. ミモザ
4. デザートピー
5. アーモンド
6. カッシア
7. オーストラリアビロウ
8. パンパスグラス

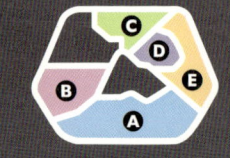

東京ディズニーシー
植物MAP

東京ディズニーランド 植物MAP

- ⑳ ツワブキ
- ㉑ カラテア
- ㉒ モッコク

ウエスタンランド C
- ① ブラシノキ
- ② キメンカク
- ③ ガンセキジシ

- ④ アオノリュウゼツラン

クリッターカントリー D
- ① マンサク
- ② ホルトノキ
- ③ ユキヤナギ
- ④ ヤブデマリ
- ⑤ トウカエデ

- ⑥ ラズベリー
- ⑦ テイカカズラ
- ⑧ プルンバゴ
- ⑨ ピラカンサ

トゥーンタウン E
- ① ニシキモクレン
- ② タマスダレ

- ③ ビグノニア
- ④ スモークツリー
- ⑤ マツバボタン
- ⑥ ハボタン

トゥモローランド F
- ① ヒトツバタゴ
- ② ゼラニウム

- ③ ケラマツツジ
- ④ サルスベリ
- ⑤ シモツケ
- ⑥ カシワバアジサイ
- ⑦ オキシデンドラム
- ⑧ スイセン

ファンタジーランド Ⓐ

1. チューリップ
2. ホスタ
3. ヤマボウシ
4. ハナモモ
5. ヤマブキ
6. ヒマラヤスギ
7. セイヨウシャクナゲ
8. アガパンサス
9. ダッチアイリス
10. ブッドレア
11. アカンサス
12. スイレン
13. カイヅカイブキ
14. ルピナス
15. キク
16. ビオラ
17. シデコブシ

アドベンチャーランド Ⓑ

1. プルメリア
2. カンナ
3. ツキヌキニンドウ
4. ビワ
5. カラジューム
6. シュロガヤツリ
7. ナスタチウム
8. タブノキ
9. ブーゲンビレア
10. ハイビスカス
11. マンデビラ
12. モンステラ
13. フィロデンドロン・セロウム
14. ヘディキウム
15. ケンチャヤシ
16. タイサンボク
17. アメリカデイゴ
18. タラヨウ
19. クワズイモ

Index

アオノリュウゼツラン	14
アガパンサス	49
アカンサス	114
アキグミ	10
アクラ	112
アコウ	17
アジサイ	88
アフリカンリリー	63
アマランサス・トリカラー	32
アメリカデイゴ	54
アメリカハナズオウ	10
アロカシア	91
アンスリウム	88
アーティチョーク	127
アーモンド	73
イッサイサルスベリ	27
イヌグス（犬楠）	103
イペー	70
インドソケイ（印度素馨）	96
ウォーターリリー	92
ウツボカズラ	36
ウラムラサキ	42
エオニウム・クロホウシ	64
エピデンドラム	53
エーデルワイス	25
オオベニウチワ（大紅団扇）	49
オキシデンドラム・アーボレウム	150
オランダアヤメ	89
オランダカイウ（阿蘭陀海芋）	64
オリーブ	13
オンシジウム	52
オーストラリアビロウ	74
カイヅカイブキ	93
カシワバアジサイ	150
カスミノキ	143
カッシア	73
カミヤツデ	51
カラジューム'レッド・フラッシュ'	101
カラテア・ゼブリナ	37
カラタネオガタマ	116
カラー	64
カリステモン	122
カレーバイン	142

カンナ	98
キク	94
キダチアロエ	56
キダチベゴニア	42
キバナキョウチクトウ	47
ギボウシ（擬宝珠）	84
キュウコンアイリス	89
ギョボク	44
キリ	40
キングプロテア	34
キンポウジュ（金宝樹）	122
ギンヨウアカシア（銀葉アカシア）	72
キンレンカ（金蓮花）	102
クロガネノキ	54
クロガネモチ	54

クワズイモ	114
ゲッケイジュ	42
ケラマツツジ	101
ケンチャヤシ	75
コウモリラン（蝙蝠蘭）	109
コガネノウゼン	148
コウラクチョウカ（極楽鳥花）	43
シーグレープ	
スイセン	50
スイレン	70
スイートガーリック	110
スズカケノキ（鈴懸の木）	92
ストレリチア	28
スパイダーフラワー	11
スモークツリー	68
セイヨウスユキソウ（西洋薄雪草）	143
セイヨウキイチゴ（西洋木苺）	25
セイヨウシャクナゲ	137
ゼラニウム	87
センニチコウ	148
'ストロベリーフィールド'	16

サ

ザクロ	54
サッコウフジ（醋甲藤）	46
サラサモクレン（更紗木蓮）	140
サルオガセモドキ	51
サルスベリ	149
サンシモン	64
サンユウカ	45
シコンノボタン	65
シチヘンゲ（七変化）	53
シデコブシ	95
ジニア・プロフュージョン	26
シモツケ	149
シャクナゲモドキ	37

コゴメバナ（小米花）	135
コブシ	6

タ

タイワンモクゲンジ	111
ダイダイ	14
タイサンボク	46

ダッチアイリス 89
タブノキ 103
タマスダレ 142
タラヨウ 113
チャンチン 38
チューリップ 82
チョウセンアザミ（朝鮮薊） 14
チランジア・ウスネオイデス 51
ツウソウ（通草） 51
ツキヌキニンドウ 99
ツワブキ 115
ツリガネカズラ（釣鐘葛） 142
ツルバギア 28
テイカカズラ 137
デザートピー 72
テリハイカダカズラ（照葉筏葛） 104

ハ

ノボリフジ（昇り藤） 93
ノウゼンハレン（凌霄葉蓮） 102
ニシキモクレン 140
ナンジャモンジャ 146
ナルシサス 151
ナスタチウム 102

ナ

トケイソウ 62
トキワサンザシ（常磐山査子） 139
トウジンビエ（唐人稗） 26
トウカエデ，ハナチルサト 136
テンジクアオイ（天竺葵） 148
ディプラデニア 107

ハアザミ（葉薊） 91
パイナップル 49
ハイビスカス 106
ハガキノキ（葉書の木） 113
ハグマノキ 143
ハゲイトウ（葉鶏頭） 17
ハシラサボテン・ガンセキジシ 126

ビワ 100
ヒマラヤスギ 87
ヒトツバタゴ 146
ヒデリソウ（日照草） 144
ビグノニア 142
ビカクシダ 50
ビオラ・ビビピンクアンティーク 95
パンパスグラス 75
バンカジュ（蕃瓜樹） 48
ハマユウ 63
ハマベブドウ（浜辺葡萄） 43
ハマカンゾウ 22
ハマオモト（浜万年青） 63
ハボタン 145
パパイヤ 48
ハニーサックル 99
ハナモモ 85
ハナチョウジ（花丁子） 35
ハナキャベツ（花キャベツ） 145
ハタンキョウ（巴旦杏） 73
バタフライ・オーキッド 52
ハシラサボテン・キメンカク 124

ヒャクジツコウ（百日紅）	149
ヒャクニチソウ（百日草）	26
ピラカンサ	139
ピンクバナナ	41
フィロデンドロン・セロウム	108
フウトウカズラ	56
フクラシバ	54
フクラモチ	54
フジ	12
ブッソウゲ（仏桑花）	106
ブッドレア	90
ブラシノキ	122
プラタナス	11
プルメリア	96
プルンバゴ	138
ブーゲンビレア	104
ヘディキウム'エリザベス'	109
ベニバナミツマタ	57
ヘントウ（扁桃）	73
ホウライショウ（鳳莱蕉）	108
ホトトギス	55
ホスタ	84
ホルトノキ	134

マ

マツバボタン	144
マンサク	133
マンデビラ	107
マーガレット	29
ミッキーマウスツリー	35
ミモザ	72
ミラクルフルーツ	48
ミレット	26
ムサシアブミ	43
ムベ	61
ムラサキクンシラン（紫君子蘭）	88
ムラサキナツフジ	46
ムラスズメラン（群雀蘭）	52
メコノプシス	24
モッコク	116
モンステラ	108
モンツキシバ	113

ヤ

ヤブデマリ	135
ヤマブキ	86

ラ

ラズベリー・グレンアンプル.	85
ユリ'カサブランカ.	135
ユリオプスデージー	25
ユキヤナギ	27
ヤマボウシ'サトミ.	137
ランタナ	53
ルッセリア	35
ルピナス	93
ルリマツリ	28
ルリフタモジ（瑠璃二文字）	138
レイン・リリー	142
レモン	15

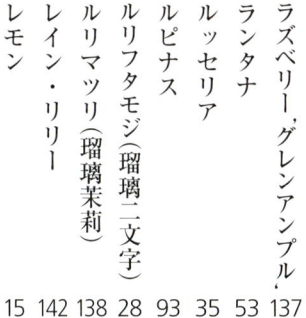

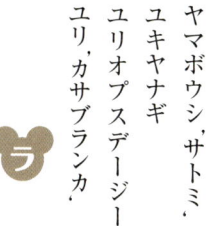

掲載されている記載事項は2011年2月20日現在のものです。
内容やデータが変更になる場合があります。

Disney in Pocket　ディズニー イン ポケット
東京ディズニーリゾート植物ガイド

2011年3月10日　第1刷発行
2011年7月 1 日　第3刷発行

企画・文	畑山信也(東京図鑑)
監　　修	竹下大学
デザイン	WELL PLANNING
写真協力	株式会社オリエンタルランド
	株式会社フォトワークス
	畑山信也(東京図鑑)
	株式会社アルスフォト企画
	講談社写真部
取材協力	株式会社オリエンタルランド
協　　力	ジャパンアグリバイオ株式会社
発 行 者	鈴木　哲
発 行 所	株式会社講談社
	〒112 8001　東京都文京区音羽2 12 21
出 版 部	☎03-3945-5703
販 売 部	☎03-5395-3625
業 務 部	☎03-5395-3615
印 刷 所	大日本印刷株式会社
製 本 所	大口製本印刷株式会社

©Disney

定価はカバーに表示してあります。
落丁本、乱丁本は購入書店名を明記の上、小社業務部宛にお送り下さい。
送料は小社負担でお取替えいたします。
この本の内容に関するお問い合わせは、ディズニー出版部あてにお願いいたします。
本書のコピー、スキャン、デジタル化等の無断複製は著作権法上での例外を除き禁じられています。本書を代行業者等の第三者に依頼してスキャンやデジタル化することはたとえ個人や家庭内の利用でも著作権法違反です。

ISBN 978-4-06-216765-9
Printed in Japan